Gottfried Heinzmann (Hg.)
EMMAUS: dein weg mit gott

EMMAUS: dein weg mit gott
Herausgegeben von Gottfried Heinzmann

Bibliografische Information der Deutschen Nationalbibliothek

Die Deutsche Nationalbibliothek verzeichnet diese Publikation in der Deutschen Nationalbibliografie; detaillierte bibliografische Daten sind im Internet über http://dnb.d-nb.de abrufbar.

Umschlaggestaltung: Andreas Sonnhüter, Düsseldorf
unter Verwendung von Bildern von © istockphoto
Satz: Andreas Sonnhüter, Düsseldorf
Lektorat: Simon Schild, Berlin
Druck: Fuck-Druck, Koblenz
Printed in Germany
buch+musik: ISBN 978-3-86687-051-2
Neukirchener Aussaat: ISBN 978-3-7615-5805-8

www.neukirchener-verlage.de

Gottfried Heinzmann (Hg.)
Aus dem Englischen von Friederike Gralle

EMMAUS

dein weg mit gott

LEITERHANDBUCH

neukirchener
aussaat

INHALT

VORWORT

Willkommen bei EMMAUS: dein weg mit gott.

„Muss man dazu übers Wasser gehen?", hast du dich vielleicht gefragt, als du das Bild auf dem Cover gesehen hast. Übers Wasser gehen muss keiner, doch ein wenig Abenteuerlust und Mut sind schon gefragt, wenn es um den Weg mit Gott geht.

Das gilt zunächst einmal für diejenigen, die den Kurs durchführen: Andere Jugendliche auf dem Weg des Glaubens zu begleiten, das ist ein aufregendes Abenteuer. Man weiß nie, was geschehen wird. Ob sie sich einlassen auf das, was in diesen Einheiten vorgestellt wird? Ob es gelingt, dass eine gute Gemeinschaft in der Gruppe und eine offene Atmosphäre entsteht? Ob die kreativen Impulse zu Glaubensfragen ihr Herz erreichen?

EMMAUS: dein weg mit gott will dich bei diesem Abenteuer unterstützen. Das Material wurde in verschiedenen Situationen der Jugendarbeit erprobt, die Erfahrungen wurden ausgewertet und in die Einheiten eingearbeitet. Die Rückmeldungen der Jugendlichen und der Mitarbeitenden waren sehr positiv. Deshalb möchte ich dir Mut dazu machen, **EMMAUS: dein weg mit gott** bei dir in der Jugendarbeit einzusetzen.

Dieser Weg, den du mit den Jugendlichen gehst, wird dich verändern. Deine Gedanken und Gefühle, deine Einstellungen, deinen Glauben. Dieser Weg wird auch die Jugendlichen verändern. Sicherlich merkt man das nicht gleich nach der ersten Einheit, vielleicht nicht einmal am Ende des Kurses – doch für dich und die Jugendlichen, mit denen du unterwegs bist, gilt: der auferstandene Jesus Christus ist bei euch. Er begleitet euch auf diesem Weg.

Ich wünsche mir, dass ihr wie die EMMAUS-Jünger im Rückblick sagen könnt: *„War unser Herz nicht Feuer und Flamme, als er unterwegs mit uns redete?" (Lukas 24,32)*

Dein

Gottfried Heinzmann

DIE FAQS

Antworten auf häufig gestellte Fragen

- Warum heißt es „EMMAUS"?
- Für wen ist **EMMAUS: dein weg mit gott** gedacht?
- Wie kann **EMMAUS: dein weg mit gott** starten?
- Wie ist **EMMAUS: dein weg mit gott** aufgebaut?
- Wie sind die Einheiten aufgebaut?
- Wie können die Handouts eingesetzt werden?
- Wie viel Zeit wird benötigt?
- Was ist für die Mitarbeitenden wichtig?
- Wie kann eine entspannte Atmosphäre entstehen?
- Welche Rolle spielen Gottesdienste?
- Was sind „Wegbegleiter"?

1. Warum heißt es „EMMAUS"?

EMMAUS – das klingt in den Ohren der meisten Jugendlichen sicherlich zunächst einmal merkwürdig. Ein unbekannter, etwas schwierig auszusprechender Name. Doch hinter dem Namen steht eine Geschichte. Diese Geschichte werden die Jugendlichen im Verlauf des Kurses und vor allem in den drei Gottesdiensten kennenlernen.
Emmaus, das ist der Name eines Dorfes, zu dem zwei Menschen unterwegs sind. Auf ihrem Weg treffen sie plötzlich einen Fremden. Hinterher merken sie, dass dieser Fremde der auferstandene Jesus Christus ist. Durch ihn ist Gott selbst ihnen begegnet.

- EMMAUS – das ist die beruhigende Zusage, dass man nicht immer schon am Ziel sein muss, sondern sich in Ruhe auf den Weg machen darf
- EMMAUS – das ist erstaunliche Zusage, dass Gott sich für meinen Frust, meine Enttäuschung, meine Fragen und Zweifel interessiert
- EMMAUS – das ist die ermutigende Zusage, dass der auferstandene Jesus Christus mich auf meinem Lebensweg begleitet und mir hilft, auf dem Weg des Glaubens weiterzugehen

Dass Jugendliche diese Zusagen in **EMMAUS: dein weg mit gott** hören und die Gegenwart des auferstandenen Jesus Christus in ihrem Leben erfahren, diese Hoffnung verbindet sich mit dem Namen EMMAUS.

Die englischen Autoren des EMMAUS-Projekts haben diese Geschichte auch als Programm dafür verstanden, wie wir jungen Menschen helfen können, den Weg zu Gott zu gehen. Für die meisten Menschen ist der Weg zum Christ werden wie eine

Reise. Wenn wir anderen Menschen das Evangelium verkündigen, geht es darum, den Leuten dabei zu helfen, diese Reise zu machen. Dazu gehört es, dass man ihnen zuhört, ihnen Denkanstöße gibt und sie auf dem Weg des Glaubens geduldig begleitet.

Die Geschichte des EMMAUS-Weges am Ende des Lukasevangeliums (Lukas 24,13–35) liefert uns ein anschauliches Beispiel, wie das geschehen kann. Eine EMMAUS-Gruppe zu leiten bedeutet, wie Jesus Christus den Leuten dort zu begegnen, wo sie sind, und mit ihnen auf ihre Reise zu gehen.

Wohin diese Reise führt, was wichtige Stationen oder Wegstrecken sein werden, das können und sollen die Reisebegleiter nicht kontrollieren oder beeinflussen. Es werden nicht alle zum Glauben an Christus finden. Ob jemand beten oder sich in einer bestimmten Art und Weise an Gott „festmachen" möchte, das entscheidet jeder für sich selbst. Die Atmosphäre soll deshalb von Freiheit und Vertrauen, von gegenseitiger Wertschätzung und Offenheit geprägt sein. Gott selbst ist der Evangelist, unsere Aufgabe ist es, gute Weggefährten zu sein, das Evangelium glaubhaft zu bezeugen und Jesu Liebe dadurch zu zeigen, wie wir miteinander umgehen und was wir sagen.

2. Für wen ist EMMAUS: dein Weg mit Gott gedacht?

EMMAUS: dein weg mit gott ist für Jugendliche im Alter von 14–17 Jahren, die rausfinden wollen, was Glaube ist. Dass eine solche Expedition ins Land des Glaubens auf keinen Fall langweilig sein und nach Schule riechen darf, ist von vornherein klar.
Wie das gelingen kann?

- Jede Einheit konzentriert sich auf eine zentrale Aussage
- Diese Aussage wird auf vielfältige und kreative Weise entfaltet
- Zum Warmwerden gibt es ein Spiel oder eine andere gemeinsame Aktion
- Glaubensaussagen werden ins Gespräch eingebracht und sollen diskutiert werden
- Mitmachen und Ausprobieren ist gefragt
- Der Prozess in der Gruppe steht im Vordergrund, deshalb können die einzelnen Einheiten flexibel auf die jeweilige Situation angepasst werden

Seine Erfahrungen mit **EMMAUS: dein weg mit gott** hat ein Jugendlicher so zusammengefasst: „EMMAUS hat uns zum Lachen und zum Nachdenken gebracht, es hat uns geholfen, mehr von Gott zu verstehen."

Doch jedes Material kann nur ein Handwerkszeug sein. Entscheidend für die Durchführung sind die Personen, die mit dem Material arbeiten und dieses Handwerkszeug benutzen. Denn nur so kann der Kurs persönlich werden und die Jugendlichen so ansprechen, wie es ihrer Lebenssituation entspricht.

3. Wie kann EMMAUS: dein weg mit gott starten?

Hier gilt: Das geht nur über Beziehungen. Kein Jugendlicher wird einen EMMAUS-Kurs besuchen, nur weil er einen Flyer oder eine Internetmeldung gelesen hat. Werbemedien können die Einladung unterstützen, doch entscheidend bleiben die Beziehungen. Deshalb kann **EMMAUS: dein weg mit gott** dort am leichtesten eingesetzt werden, wo es bereits andere Angebote gibt, durch die ein Kontakt zu Jugendlichen entstehen kann. Dadurch, dass **EMMAUS: dein weg mit gott** modular aufgebaut ist, kann der Glaubenskurs auf unterschiedliche Situationen angepasst werden:

- Im Anschluss an eine Jugendevangelisation wie z. B. „Jesus House"
- Im Rahmen einer Jugendfreizeit oder im Anschluss daran
- In einer Jugendgruppe, die für sich beschlossen hat: Wir wollen etwas mehr über den christlichen Glauben herausfinden
- In der Mittagspause an einer Schule
- Als offenes Glaubenskursangebot in deiner Gemeinde
- Immer da, wo junge Menschen sind, die den Glauben für sich entdecken wollen

Zum Thema „Beziehungen knüpfen" noch eine Anmerkung: Teenager werden zurecht sehr misstrauisch, wenn sie das Gefühl haben, dass sie als „Missionsobjekte" für eine kirchliche Kampagne anvisiert wurden. Die Beziehungen, die in der Jugendarbeit zu Jugendlichen geknüpft werden, dürfen nicht instrumentalisiert werden. Wenn unser Interesse an Jugendlichen im Sande verlaufen wird, sobald der EMMAUS-Kurs vorbei ist, dann sollten wir lieber gleich gar nicht damit anfangen. Jugendarbeit ist ein Langzeit-Abenteuer. Doch wer sich darauf einlässt, wird merken: **EMMAUS: dein weg mit gott** kann jungen Leuten helfen, den Weg des Glaubens zu gehen.

4. Wie ist EMMAUS: dein weg mit gott aufgebaut?

Fragen nach Gott und dem Glauben an ihn tauchen in der Jugendarbeit immer wieder auf. Doch meist bleiben sie punktuell auf eine bestimmte Situation oder ein konkretes Problem bezogen. **EMMAUS: dein weg mit gott** bietet die Möglichkeit, mit einer Gruppe Jugendlicher einen gemeinsamen Weg zu gehen. Nach und nach kommt man anhand des Kurses zu den entscheidenden Aussagen des christlichen Glaubens.
Die insgesamt 15 Einheiten sind in drei Teile unterteilt:

- **Was Christen glauben:**

Gott – Jesus – Heiliger Geist

- **Wie Christen im Glauben weiterkommen:**

Gebet – Bibel – Kirche – Wie man Christ werden kann

- **Was es bedeutet, als Christ zu leben:**

Gottes Prioritäten für diese Welt – Beziehungen – Leben und Geben – Glauben teilen

Der Kurs kann als Ganzes durchgeführt oder in diese drei Abschnitte aufgeteilt werden. Am Ende jedes Abschnittes kann ein Gottesdienst mit den Jugendlichen vorbereitet und gefeiert werden.
Mit „Ewiges Leben – was passiert, wenn ich sterbe" gibt es noch eine zusätzliche Einheit. Sie ist nicht Teil des Kursplans, sondern kann angehängt oder eingeschoben werden, wenn das Thema Tod, Sterben und Ewiges Leben in eurer Gruppe aufkommt und relevant wird.

5. Wie sind die Einheiten aufgebaut?

Jede Einheit ist ähnlich aufgebaut. Zuerst werden die benötigten Materialien angegeben und es gibt eine kurze thematische Zusammenfassung für die Mitarbeitenden. Anschließend beginnt der „eigentliche" Kurs. Es wird mit einer Aufwärmaktion begonnen (**„Leg gleich los!"** ▶), anschließend gibt es einen kurzen Rückblick auf die letzte Einheit (**„Weißt du noch?"** ⏮). Jetzt kommt der thematische Teil der Einheit. Das Thema wird immer von verschiedenen Seiten aus betrachtet, sowohl durch Aktionen, an denen die Teilnehmer aktiv beteiligt sind (**„Jetzt kommst du!"** ⏩), wie auch durch Phasen in denen sie eher konsumieren können (**„Was dich betrifft"** ⏸). Am Ende des Themas stehen immer eine angeleitete Gebetszeit mit kreativen Elementen (**„Sprich mit Gott"** 📡) und eine kurze Zusammenfassung des Themas in wenigen kurzen Sätzen (**„Was Sache ist"** ℹ). Beendet wird jede Einheit mit einem Ausblick darauf, was die Jugendlichen selber in den kommenden Tagen tun können, um das Thema zu vertiefen (**„Wie es weitergeht"** ⏭).
Am Schluss jeder Einheit steht eine mögliche Zeiteinteilung als Hilfe für die Mitarbeitenden.

Die einzelnen Module einer Einheit bauen aufeinander auf. Doch **EMMAUS: dein weg mit gott** kann auch flexibel gestaltet werden. Jede Mitarbeiterin und jeder Mitarbeiter sollte die Einheiten im Voraus planen und das Material so einsetzen und verändern, dass es für die Gruppe passt.

Die „Was dich betrifft"-Aktion bildet den Kern der jeweiligen Einheit. Wenn es für eine Gruppe unpassend oder unmöglich wäre, die ganze Einheit durchzuführen, kann man mit der Aufwärmphase „Leg gleich los" starten und dann gleich „Was dich betrifft" anhängen. Das kann nützlich sein, wenn die meisten der Gruppe keine Ahnung von Kirche und Glaube haben, wenn der Emmaus-Kurs innerhalb eines bestehenden Jugendclubs durchgeführt wird oder an einer Schule in der Mittagspause angeboten wird und kürzere Einheiten notwendig sind. Diese Variante kann auch bei Teilnehmerinnen und Teilnehmern mit Lernschwierigkeiten hilfreich sein.

6. Wie können die Handouts eingesetzt werden?

Die Handouts gibt es zum Ausdrucken auf der beiliegenden CD-Rom oder als hochwertiges Teilnehmerheft zum Bestellen. Sie verfolgen zwei Ziele: Zum einen beinhalten sie das Material, das während der Kurseinheiten genutzt wird, zum anderen sollen die Jugendlichen damit die Einheiten auch noch einmal in Ruhe zu Hause durchgehen können – durch das Abdrucken der wichtigsten Texte und Inhalte ist das sogar möglich, wenn man einen Kurs verpasst hat.

Die Handouts werden in den Einheiten auf unterschiedliche Art und Weise gebraucht. Manchmal gibt es auf den Handouts Aktivitäten, Bilder und Texte, manchmal ist dort Raum, seine eigenen Gedanken aufzuschreiben. Wenn das Handout für eine Aktion gebraucht wird, so ist das in diesem Leiterhandbuch angegeben, inkl. Seitenangabe.

Wird das Handout selber ausdruckt, dann kann immer die passende Seite ausgeteilt werden und am Ende der Einheit die ganze Handout-Einheit. Die komplette Einheit können die Jugendlichen dann mit nach Hause nehmen oder in einen Ordner heften.

Wird das Teilnehmerheft benutzt, dann sollte es ganz am Anfang des Kurses an die Teilnehmenden ausgeteilt werden. Es ist dann ihr Heft, das sie immer mit nach Hause nehmen und in dem sie ihre Gedanken aufschreiben können. Im Kurs selber sollte dann darauf geachtet werden, dass es nur dann benutzt wird, wenn es dran ist, und die Jugendlichen nicht ständig blättern. Sonst sind sie schon weiter als die Kursleiter oder haben plötzlich Fragen zu einer ganz anderen Einheit.

Das Teilnehmerheft soll nicht den Ablauf einer Kurseinheit bestimmen – aber es ist der beste Weg, dass die Teilnehmenden nicht nur während des Kurses über die Themen nachdenken, sondern auch zu Hause. Und es ist eine gute Möglichkeit, den Kurs persönlich zu machen, weil er in ihrem Teilnehmerheft individuell wird.

Einige Materialien, die im Kurs benötigt werden, finden sich als Kopiervorlage im Anhang am Ende dieses Buches. Die Kopien müssen zum Teil zerschnitten werden. Dies wird jedoch in der jeweiligen Einheit erklärt.

7. Wie viel Zeit wird benötigt?

Für jede Einheit sollten zwischen 60 und 90 Minuten eingeplant werden. Das Material kann in 60 Minuten erarbeitet werden, doch es ist besser, wenn 90 Minuten Zeit zur Verfügung stehen. Auf diese Weise bleibt Zeit für Knabbereien und Getränke und für einzelne Themen, die eventuell mehr Zeit benötigen. Übrigens machen auch die „Leg gleich los-Aktionen" mehr Spaß, wenn sie zeitlich nicht eingeengt sind.

Zwischen den einzelnen Teilen (Teil 1: Einheiten 1–6; Teil 2: Einheiten 7–10; Teil 3: Einheiten 11–14) des Kurses kann eine Pause eingelegt werden. Die drei Teile können jeweils mit einem Gottesdienst abgeschlossen werden. Zwischen den drei Teilen des Kurses kann auch ein besonderer Abend gestaltet werden. Möglich wäre ein gemütlicher Abend zum Abhängen und Chillen, ein gemeinsamer Kinobesuch, ein Spieleabend usw.

8. Was ist für die Mitarbeitenden wichtig?

Am besten ist es, wenn es in jeder Gruppe zwei Gruppenleiter gibt. Die Mitarbeitenden müssen keine theologische Ausbildung haben. Viel wichtiger ist es, eine offene Beziehung zu den Jugendlichen aufzubauen. Anhand des Materials kann man sich vorher mit den Inhalten des Kurses auseinandersetzen. So kann man auf Fragen der Jugendlichen reagieren und seine eigenen Erfahrungen im Glauben ins Spiel bringen.
Die Rahmenbedingungen und das Umfeld, in dem sich die Gruppe trifft, sind entscheidend wichtig für eine gute Atmosphäre:

- Für die Treffen muss ein attraktiver, gemütlicher und ungestörter Platz gefunden werden
- Getränke und Knabbereien sollten nach Möglichkeit bei jedem Treffen angeboten werden
- Die Treffen müssen so gestaltet werden, dass sich die Teilnehmenden wohlfühlen

Die Aufwärmspiele und Mitmachaktionen bei jedem Treffen werden dabei helfen, einander kennenzulernen und zusammen Spaß zu haben. Wenn die Zeit knapp ist, sollte man auf keinen Fall die Spiele und Aktionen wegfallen lassen. Sie helfen der Gruppe dabei, sich zu entspannen und bieten Wege an, die den Jugendlichen helfen, sich miteinander und mit den Inhalten des Kurses zu beschäftigen.

Kritische Rückfragen und Diskussionen sollen genügend Raum haben. Auf diese Weise helfen die Mitarbeitenden den Jugendlichen dabei, die Glaubensaussagen auf das eigene Leben zu beziehen und über die Folgen des Glaubens an Jesus Christus in ihrem Leben nachzudenken. Wenn Themen aufkommen, bei denen die Mitarbeitenden nicht so recht wissen, wie sie damit umgehen sollen, sollte das offen benannt werden. Gemeinsam kann die Gruppe dann überlegen, ob die Themen in einer speziellen Einheit evtl. mit einem externen Referenten noch einmal aufgegriffen werden sollen.

Jede Einheit enthält Ideen zum Gebet. Sie können durch eigene Ideen ergänzt werden. Die Jugendlichen sollen ermutigt werden, selbst aktiv zu werden und eine für sie passende Art des Betens zu entwickeln. Ziel ist es, in eine lebendige Beziehung zu Gott hineinzuwachsen.

9. Wie kann eine entspannte Atmosphäre entstehen?

Junge Leute sind oftmals nicht sehr gesprächig, wenn es darum geht, sich über persönliche Dinge wie Beziehungen und Glaube auszutauschen. Deshalb ist es eine gute Übung, die Teilnehmenden zu ermutigen, ihre eigenen Spielregeln zu vereinbaren. Dabei muss sichergestellt werden, dass alles, was in diesem Raum gesagt wird, vertraulich bleibt, dass jeder jeden ausreden lässt und dass alle Meinungen willkommen sind.

Ausformulierte Spielregeln könnten zum Beispiel so aussehen:

- Wir achten darauf, dass jeder und jede etwas sagen kann, wenn er/sie es will
- Wir lassen einander ausreden
- Alle Meinungen sind willkommen
- Wir lachen nicht übereinander
- Was hier gesprochen wird bleibt vertraulich. Wir tratschen die Dinge nicht weiter, die in diesem Raum gesprochen werden

Konkrete Gestaltungsideen hierzu finden sich in der ersten Einheit.

10. Welche Rolle spielen Gottesdienste?

Zum EMMAUS-Weg gehören auch drei Gottesdienste, die mit den Jugendlichen gefeiert werden können. Die Gottesdienstabläufe sind Teil des Kursmaterials.

- Ein Gottesdienst, der den Beginn der EMMAUS-Reise markiert (nach Einheit 6)
- Ein Gottesdienst zum Festmachen (nach Einheit 10)
- Ein Gottesdienst, der den Glauben der jungen Leute feiert (nach Einheit 14)

Die Gottesdienste bieten die Möglichkeit, dass die Gruppe sie gemeinsam vorbereitet und feiert. Es muss im Blick auf die Situation vor Ort geprüft werden, ob ein solcher Gottesdienst mit einem Jugendgottesdienst oder einer Jugendgemeinde verbunden werden kann.

Bei der Verbindung zu einem Gemeindegottesdienst sollte sorgfältig darauf geachtet werden, dass die Beteiligung der Gruppe und der einzelnen Jugendlichen freiwillig und selbstbestimmt erfolgt. So wünschenswert eine Brücke von **EMMAUS: dein weg mit gott** in den Gemeindegottesdienst hinein wäre, hier sind vor allem die Interessen der Jugendlichen und nicht die der Erwachsenen im Blick zu behalten. Wenn die Jugendlichen in einem vertrauten Rahmen auf ihre Art und Weise Erfahrungen mit Beten, Singen und Gottesdienst sammeln, kann später leicht eine Brücke in den Gemeindegottesdienst gebaut werden. Zum Beispiel dadurch, dass die Mitarbeitenden und die Wegbegleiter die Jugendlichen zum Gottesdienst begleiten.

11. Was sind „WEGBEGLEITER"?

Der Weg mit Gott braucht Wegbegleiter. Eine Möglichkeit, diese Begleitung auf dem Weg des Glaubens zum Ausdruck zu bringen, besteht darin, Wegbegleiter für die jungen Leute in der Gruppe zu suchen. Das können erwachsene Christen sein, die für die jungen Menschen beten oder sich darauf einlassen, als Mitarbeiter die Gruppe zu leiten. Es könnten aber auch Freunde – andere junge Leute – sein, die schon Christen sind und sich einer Gemeinde angeschlossen haben. Das Grundprinzip besteht darin, dass diejenigen, die an Jesus Christus glauben und ihm nachfolgen, diejenigen begleiten, die gerade dabei sind, diesen Glauben zu entdecken. Die Begleiter signalisieren durch ihre eigene Person: Du bist in dieser Gemeinde willkommen.

Was ist bei erwachsenen Wegbegleitern zu beachten?

- Jugendliche erleben Erwachsene häufig als Lehrer, Vorgesetzte, Verwandte und ganz selten noch als Übungsleiter in den Vereinen. Beziehungen haben sie nur zu einigen wenigen Erwachsenen.
- Doch gerade erwachsene Begleiter sind hilfreich, damit Jugendliche Vorbilder haben und von ihnen lernen können, was es heißt, im Alltag als Christ zu leben.
- Meist haben Erwachsene ähnliche Berührungsängste wie die Jugendlichen. Es fällt ihnen schwer, die Beziehung zu Jugendlichen zu gestalten. Sie fragen, was sie als Begleiter machen sollen und was von ihnen erwartet wird.

Welche Aufgaben haben Wegbegleiter?

- Die Aufgabe dieser Begleiter besteht zuerst darin, für die Jugendlichen zu beten.
- Außerdem sollen sie erlebbar im EMMAUS-Weg sein. In den meisten Fällen ist es nicht sinnvoll, dass die Begleiter bei den Einheiten dabei sind. Wenn aber z. B. ein gemeinsames Essen zum EMMAUS-Abend gehört, dann können die Begleiter das Essen vorbereiten und Teil der Tischgemeinschaft sein.
- Auch die EMMAUS-Gottesdienste können gemeinsam gestaltet und gefeiert werden. Sie können als Glaubens-Zeit-Zeugen auftreten oder einzelne Elemente übernehmen und den EMMAUS-Mitarbeitern beim Vorbereiten helfen.
- Bei Ausflügen können sie Fahrdienste übernehmen oder sie kaufen „ihrem“ Jugendlichen die benötigte Bibel.

Diese angefangene Begleiterschaft lässt sich weiter ausbauen.

- Begleiter fragen bei den Jugendlichen nach, wie es ihnen geht, wie sie **EMMAUS: dein weg mit gott** erleben und ermutigen sie, am Glauben dranzubleiben.
- Die Begleiter laden die Jugendlichen zu einem gemeinsamen Gottesdienstbesuch ein oder unternehmen einmal etwas zusammen. Dabei kann ein gemeinsames Kaffee- oder Teetrinken etwas steif sein, aber warum sollten die Begleiter die Jugendlichen nicht einmal um Hilfe bitten, beim Einkaufen, Schnee schippen, Reparaturen am Haus oder etwas anderes.

Die EMMAUS-Mitarbeitenden und die Begleiter sollten sich einmal vor dem Start des „EMMAUS-Weges“ zum Austausch über Erwartungen und Wünsche und zur Vorbereitung gemeinsamer Punkte treffen.

Gottfried Heinzmann

EINHEIT 1

EINHEIT 1: GOTT KENNENLERNEN – 1. TEIL: IST DA DRAUSSEN IRGENDJEMAND?

Bearbeitung: Sabine Schnabowitz

Für diese Einheit braucht ihr:

- Eine Sammlung von Gegenständen aus der Natur
- Naturfotos und Projektor
- Pappteller oder Pappe, Tesa-Krepp, Papier und Stifte
- 3 Bälle, z. B. Jonglier- oder Tennisbälle

UM WAS ES GEHT

Gibt es Gott überhaupt?

Bei diesem ersten Treffen geht es um zwei grundlegende Fragen, nämlich: „Gibt es Gott überhaupt?" Und wenn ja: „Wie ist Gott?" Wir wollen herausfinden, was für Hinweise es auf Gottes Existenz in dieser Welt und in uns selbst gibt.

Weil diese Einheit am Anfang des EMMAUS-Kurses steht, soll sie außerdem den Teilnehmenden helfen, anzukommen und sich mit dem Kurs und miteinander anzufreunden.

LEG GLEICH LOS!

Namensball

Dieses Kennenlernspiel geht über verschiedene Level und wird jedes Mal etwas schwieriger. Entscheidet selbst, wie viele Runden ihr probiert.

Erstes Level: Reicht einen weichen Ball (ein Jonglierball ist ideal) im Kreis herum. Jede Person, die den Ball in Händen hält, sagt ihren Namen und gibt den Ball dann an den Nachbarn weiter.

Zweites Level: Die Teilnehmenden werfen sich den Ball zu, indem sie zuerst ihren eigenen Namen sagen und dann den Namen der Person, dem sie den Ball zuwerfen (z. B. Angie – Jan: Angie wirft zu Jan; Jan – Patrik: Jan wirft zu Patrik; usw.). Dieses Level geht so lange, bis jeder einige Male dran war.

Drittes Level:
Die Teilnehmenden müssen sich den Ball so zuwerfen, dass alle in der Runde genau einmal drankommen. Der Ball darf dabei nicht an den Nebenmann oder die Nebenfrau gegeben werden und niemand darf ihn zweimal bekommen. Hat die Gruppe eine stimmige Reihenfolge gefunden, geht es von vorne los und mit jeder Runde erhöht sich die Geschwindigkeit.

Viertes Level:
Es kommen noch mehr Bälle ins Spiel, die ebenfalls in der gleichen Reihenfolge geworfen werden. Wie viele Runden schafft die Gruppe?

WEISST DU NOCH?

Begrüßung
Begrüßt alle Teilnehmenden herzlich und erklärt ihnen, was sie heute Abend und an den kommenden Abenden erwartet: Wie werden die Abende aufgebaut sein, auf was lassen sich die Jugendlichen ein, was erwartet sie?
Sagt kurz etwas zum Begriff „Emmaus". Emmaus, der Name einer Stadt, zu der zwei Menschen unterwegs sind, die auf ihrem Weg plötzlich einen Fremden treffen. Sie merken erst hinterher, dass dieser Fremde der auferstandene Jesus Christus ist. Durch ihn ist Gott selbst ihnen begegnet. Emmaus – das ist die beruhigende Zusage, dass man nicht immer schon am Ziel sein muss, sondern sich in Ruhe auf den Weg machen darf.
Es empfiehlt sich, an dieser Stelle einige Dinge über den Umgang miteinander in der Gruppe zu vereinbaren. Sammelt dazu, was euch wichtig ist, und haltet die Ergebnisse auf einem großen Blatt Papier fest. Besprecht anschließend die Ergebnisse und entscheidet gemeinsam, welche der Vereinbarungen gelten sollen.

Tipp:

- Formuliert die Vereinbarungen positiv. Sagt also: „Wir hören einander zu" statt „Wir unterbrechen den anderen nicht"
- Überlegt euch schon vorher, welche Vereinbarungen euch als Leiter wichtig sind
- Haltet die Liste knapp
- Schreibt die Vereinbarungen anschließend auf ein großes Blatt. Hängt sie zu den Treffen immer wieder auf, damit sich alle daran erinnern können.

Macht eine abschließende Runde, in der sich jede und jeder verpflichtet, sich an die Vereinbarungen zu halten. Werft euch den Ball noch einmal in der richtigen Reihenfolge zu. Wer den Ball hat, sagt: „Mein Name ist … und ich halte mich an die Vereinbarungen."

Tipp: Weist die Jugendlichen darauf hin, dass das Wurfspiel, so simpel es ist, deutlich macht, worauf es in der Gruppe ankommt: Jede und jeder hat ihren / seinen Platz. Ich gebe acht, dass ich durch das, was ich von mir gebe, niemanden verletze. Ich gebe acht, dass niemand anderes mich verletzt. Und: Nichts verlässt die Runde, sprich: Was im Kurs im Vertrauen gesagt wird, bekommt niemand anders zu hören.

Stellt das Thema des Abends vor: „Ist da draußen irgendjemand?" Ermutigt die Jugendlichen, ehrlich zu sein, was ihren eigenen Glauben angeht.

JETZT KOMMST DU!

Wahr oder falsch?

Überlegt euch 10 Aussagen zu Themen wie: Musik, Sport, Natur… Wählt dabei Aussagen, die zu eurer Gruppe passen. Die Teilnehmenden sollen jede Aussage schweigend beantworten, indem sie ihren Daumen nach oben (für „wahr") oder nach unten drehen (für „falsch").
Hier sind Ideen für Aussagen, ihr könnt diese Liste gerne ersetzen oder erweitern:

- Ein Blauwal ist ungefähr so schwer wie 25 Elefanten. Wahr oder falsch? (Wahr, ein Blauwal wiegt bis zu 130 Tonnen)

- Das schnellste Tier der Welt ist der Gepard. Wahr oder falsch? (Falsch, der Gepard schafft ca. 110km/h, der Wanderfalke schafft jedoch bis zu 350km/h)

- Der Mensch kann über 40 km/h schnell laufen. Wahr oder falsch? (Wahr, Usain Bolt lief bei seinem Weltrekord über 100m bis zu 43,9 km/h)

- Der erste Hip-Hop-DJ begann Anfang der achtziger Jahre. Wahr oder falsch? (Falsch, der erste DJ war Kool DJ Herc, er begann 1973)

- Die schwedische Popgruppe ABBA verkauft heute noch, obwohl sie sich 1982 aufgelöst haben, täglich bis zu 1000 Platten. Wahr oder falsch? (Falsch, sie verkaufen sogar bis zu 3000 Platten täglich!)

- Die meisten Goldmedaillen bei olympischen Spielen holte der Amerikaner Carl Lewis in der Leichtathletik. Er gewann insgesamt 9 Goldmedaillen. Wahr oder falsch? (Falsch, die meisten holte der Amerikaner Michael Phelps, insgesamt 14 Goldmedaillen im Schwimmen)

- Der Marianengraben ist mit über 11km Tiefe der tiefste Punkt der Erde. Wahr oder falsch? (Wahr, das Witjastief 1 im Marianengraben liegt in 11.034m Tiefe)

- Weltweit gibt es rund 250 aktive Vulkane. Wahr oder falsch? (Falsch, weltweit gibt es rund 1.900 aktive Vulkane)

- Die letzte Aussage lautet dann: „Es gibt Gott! Wahr oder falsch?“

Geht alle Aussagen durch, ohne die Antworten zu kommentieren oder die richtigen Antworten zu nennen. Die Auflösung wird es später geben.

II WAS DICH BETRIFFT

Die Welt ist wunderbar!
Legt eine Auswahl an Gegenständen aus der Natur in die Mitte auf den Boden. Bittet die Teilnehmenden, sich jeweils einen Gegenstand auszusuchen und ihn in die Hand zu nehmen. Bittet sie, sehr genau hinzusehen. Welche Struktur hat dieser Gegenstand, wie fühlt er sich an? Wie leicht oder schwer ist er? ...
Ladet die Teilnehmenden ein zu erzählen, was ihnen aufgefallen ist.
Ihr könnt zusätzlich oder alternativ Natur- und Tierfotos projizieren und dazu ruhige Musik spielen.

Fragt die Teilnehmenden, über was sie in der Natur am meisten staunen. Schreibt die Antworten auf eine Flipchart oder ein großes Stück Papier.

JETZT KOMMST DU!

Du bist wunderbar!
Sucht euch eins der beiden folgenden Spiele aus, je nachdem, ob sich die Gruppe noch nicht so gut („Alles über dich") oder schon ganz gut kennt („Positives"):

Alles über dich
Stellt einen einfachen Fragebogen zusammen mit typischen Fragen wie: „Was ist dein Lieblingsessen, deine Lieblingsfarbe, deine Lieblingsschokolade…?" „Wo bist du am liebsten?" „Welche Eigenschaften magst du an dir?" „Was findest du extrem peinlich?" usw. Jede und jeder Teilnehmende interviewt nun eine oder einen anderen aus der Gruppe und stellt denjenigen danach der Gruppe vor.
Macht die Jugendlichen darauf aufmerksam, wie unterschiedlich und einzigartig jede und jeder ist.

Positives
Befestigt einen Pappteller oder ein Stück Pappe am Rücken jedes Jugendlichen. Teilt Stifte aus und stellt laute Musik an. Die Jugendlichen sollen nun umhergehen und sich gegenseitig „nur positive" Sachen auf den Rücken schreiben, die sie an der anderen Person gut finden: was sie gut kann, was sie sympathisch macht, was ihnen an ihr gut gefällt, was sie einzigartig macht…
Nach ein paar Minuten dürfen die Jugendlichen ihr Schild vom Rücken nehmen und lesen. Ermutigt die Teilnehmenden ein Stichwort laut vorzulesen.

Fragt die Gruppe jetzt:

- Woher kommen eure Besonderheiten, Charaktere, Fähigkeiten, eure Einzigartigkeit?
- Woher wisst ihr, was wahr und was gelogen, was richtig und was falsch ist?
- Wenn es Gott gibt, warum hat er gerade dich/mich gemacht? Wozu dient mein Leben?

SPRICH MIT GOTT

Lest einen Abschnitt aus Psalm 8 vor oder lest ihn gemeinsam. Er ist im Teilnehmerheft auf S. 8 abgedruckt.

Wenn ich zu deinem Himmel aufschaue und die Werke deiner Finger betrachte – den Mond und die Sterne, die du am Himmelszelt befestigt hast: Was ist der Mensch, dass du an ihn denkst, des Menschen Kind, dass du nach ihm siehst? Kaum geringer ist er als ein Gott! So hast du den Menschen geschaffen. Mit Glanz und Würde hast du ihn gekrönt. Die Werke deiner Hände hast du ihm anvertraut. Alles hast du ihm zu seinen Füßen gelegt: Schafe, Ziegen und Rinder – alle zusammen, und dazu die wilden Tiere auf dem Feld. Die Vögel des Himmels und die Fische des Meeres und was immer sich in den Meeren bewegt. HERR, unser Herrscher, wie gewaltig ist dein Name in aller Welt!
(Psalm 8,4–10,)

Wenn es euch möglich ist und ihr genügend Zeit habt, geht dazu raus in den Garten oder, noch besser, auf einen ruhigen Hügel oder Berg. Mit Kerzen dazu gibt es eine tolle Atmosphäre.
Wenn ihr erste Schritte für ein gemeinsames Gebet gehen wollt, dann bittet die Jugendlichen, nun jeder für sich den Satz zu vervollständigen: „Gott du bist für mich..."
Lasst sie einen Begriff einsetzen, der ihrer Meinung nach am besten zu Gott passt, bzw. der Gott beschreibt.
Wenn ihr nicht beten möchtet, dann führt folgende Aktion durch: Verteilt leere Zettel. Bittet die Jugendlichen, ein Wort aufzuschreiben, das Gott am besten beschreibt. Legt die Zettel mit dem Gesicht nach unten in die Mitte, mischt sie und bittet dann jede und jeden, sich einen Zettel zu nehmen. Der Reihe nach liest jeder vor: ‚Gott ist ...' und setzt dann das Wort vom Zettel ein. Lasst ruhig auch negative Aussagen zu.
Wenn alle in der Gruppe ihr Wort vorgelesen haben, spricht der oder die Gruppenleiter/in ein einfaches Gebet.

WAS SACHE IST

persönliche Beziehung, wichtiger als Wissen

Gibt es Gott?
Ob es Gott gibt oder nicht, ist eine wichtige Frage. Eine Antwort darauf zu finden, ist eine große Herausforderung für jeden Menschen. Welche Antwort du darauf gibst, beeinflusst dein ganzes Leben.

Veränderung

Wenn es Gott gibt, dann bekommt dein Leben eine neue Dimension. Dann hat dein Leben einen Sinn und du weißt, wozu du auf der Welt bist. Wenn es Gott gibt, hat er ein Ziel und einen Plan für dein Leben. Du bist nach seinem Bild geschaffen und nicht einfach nur ein Zufall oder gar Unfall.
Wenn es keinen Gott gibt, dann gibt es auch keine göttliche Bestimmung und keinen Plan für dein Leben. Dann musst du deine Bestimmung oder den Sinn des Lebens aus anderen Dingen ableiten.
Christen glauben, dass es gute Gründe für die Existenz Gottes gibt und dass vieles in unserem Leben und in der Natur auf Gott hinweist. Aber wir alle müssen selbst entscheiden: Es gibt Gott! – wahr oder falsch?

→ Finde auch du deine Antwort!
→ Nachdenken
→ 1 min/2 min

WIE ES WEITER GEHT

Löst jetzt das „Wahr oder falsch"-Spiel auf. Sagt bei der letzten Frage („Es gibt Gott...") nicht: „Die richtige Antwort ist: wahr!", sondern betont nochmals, dass jede und jeder diese Frage für sich selbst beantworten muss, aber dass ihr hofft, dass sie am Ende des Kurses ihrer Antwort ein Stück näher sind.
Ermutigt die Jugendlichen in den nächsten Tagen weiter über die Fragen dieses Abends nachzudenken und vielleicht sogar mit Gott darüber zu reden.
Auf jeden Fall darf jeder seine Liste der guten Dinge mitnehmen (wenn dieses Spiel durchgeführt wurde), um sie zuhause täglich einmal lesen zu können.

TIMING

Leg gleich los!	10 Minuten
Weißt du noch?	10 Minuten
Jetzt kommt du! Wahr oder falsch?	2 Minuten
Was dich betrifft: Die Welt ist wunderbar!	10 Minuten
Jetzt kommst du: Du bist wunderbar!	15 Minuten
Sprich mit Gott	10 Minuten
Was Sache ist / Wie es weitergeht	5 Minuten

EINHEIT 2

GOTT KENNENLERNEN – 2. TEIL: DAS GEHEIMNIS, MIT GOTT ZU LEBEN

Bearbeitung: Kerstin Schubert

Was ihr braucht:

- mehrere Alltagsgegenstände, die in einzelnen Socken versteckt werden (siehe Anweisungen für „Leg gleich los“)
- große Bögen weißes Papier (für jede/n eins) oder weiße Tapetenrolle und dicke Filzstifte (jede/r einen)
- eine Kerze
- evtl. Bild vom Verlorenen Sohn von Rembrandt (in schwarz-weiß und bunt)
- eine Papierblume für jeden basteln (siehe z. B. http://www.kikisweb.de/wissen/experimente/papierblume.htm), in die Mitte der Blume kann Psalm 46,11 geschrieben werden; oder eine Kerze für jeden
- Checkliste aus dem Handout S. 12

UM WAS ES GEHT

In dieser Einheit geht es um die Frage, wie man Gott kennenlernen kann. Wenn es Gott wirklich gibt, wie können wir dann nicht nur mehr von ihm erfahren, sondern auch ihn selber erfahren?

LEG GLEICH LOS!

Objekte raten

Versteckt ein paar Alltagsgegenstände (etwa zehn, zum Beispiel: Obst, Tacker, Kuscheltier, Tannenzapfen ...) in einzelnen Socken – ein Gegenstand pro Socke – und knotet die Socke oben zusammen, um den Inhalt zu verbergen. Reicht die Socken herum. Die Gruppe soll nun die Gegenstände nur durch Tasten und ihre Vorstellungskraft erraten.

Wer errät die meisten Gegenstände? Ihr könnt auch zwei Gruppen gegeneinander spielen lassen.

WEISST DU NOCH?

Beim letzten Mal haben wir uns darüber unterhalten, ob es Gott gibt. Heute geht's darum: Wenn es Gott gibt, wie kann man ihn eigentlich kennenlernen?

Woher habt ihr gewusst, was für Gegenstände in den Socken waren?

- durch Tasten erkannt. Manche Gegenständen waren einfach zu erraten, manche konnte man nur erahnen, was man nicht kannte, konnte man natürlich auch nicht erraten.

Wie können wir Gott erkennen und begreifen? Wie erkennt man ihn?

- Wir können ihn nicht sehen oder anfassen, aber wir können auf viele verschiedene Arten so etwas wie einen Blick auf ihn erhaschen. Z. B. in schöner Natur, Musik, im Leben von anderen Christen, wenn wir beten, wenn wir merken, irgendwie kümmert sich jemand um mich ... oder in der Bibel.

JETZT KOMMST DU!

Lebensweg

Je nachdem wie selbständig eure Jugendlichen sind, macht diese Aktion jede und jeder für sich bzw. alle zusammen in der großen Runde.

Ihr hängt ein großes Plakat an die Wand (oder legt es auf den Boden) und malt einen Zeitstrahl („Geburt" bis „jetzt") darauf. Oder jede/r bekommt ein großes Papier und einen Stift und macht das für sich, bzw. nutzt den Zeitstrahl im Handout auf S. 10–11.

Bittet sie dann, wichtige Ereignisse entlang des Pfades zu schreiben oder zu malen, so wie die ersten Schritte, erster Schultag, der beste Urlaub, Fahrrad fahren lernen, erster Kuss, usw. Ermutigt sie auch, wichtige Momente in ihrem Leben mit Gott aufzuschreiben, wie ihre Taufe, ihren ersten Gottesdienstbesuch, den Anfang vom Emmaus-Kurs, den Punkt, an dem sie angefangen haben über Gott nachzudenken (wenn sie dazu überhaupt schon etwas aufschreiben können).
Ihr könnt als Leiter auch einen Lebensweg aufmalen und es der Gruppe als Inspiration zeigen.

Bittet die Gruppe dann, den anderen ihren Lebensweg zu erklären, wenn sie sich wohl dabei fühlen. Es kann gut sein, dass sich manche auch nicht trauen, allzu persönliche Lebensstationen weiterzugeben. Bitte betont zu Beginn, dass das auch keiner muss! Lasst den Jugendlichen die Freiheit zu bestimmen, was sie (in der großen Runde) mitteilen wollen und was nicht.

II WAS DICH BETRIFFT

Vater und Sohn
An dieser Stelle wird nun die Geschichte vom verlorenen Sohn (siehe Handout S. 11) entweder gemeinsam gelesen, anschaulich erzählt, oder als Anspiel oder auch kleines Spontantheater mit den Jugendlichen zusammen gespielt, das kommt auf eure Gruppe an. Wer möchte, kann als Veranschaulichung das Bild von Rembrandt dazu benutzen (ob euren Jugendlichen das hilft, bzw. gefällt, müsst ihr vorher selbst entscheiden).

Dann sagte Jesus:
Ein Mann hatte zwei Söhne. Der jüngere sagte zum Vater: „Vater, gibt mir den Teil der Erbschaft, der mir zusteht." Da teilte der Vater seinen Besitz unter den Söhnen auf.
Ein paar Tage später machte der jüngere Sohn seinen Anteil zu Geld und wanderte in ein fernes Land aus. Dort verschleuderte er sein ganzes Vermögen durch ein verschwenderisches Leben.
Als er alles ausgegeben hatte, brach in dem Land eine große Hungersnot aus. Auch er begann zu hungern. Da bat er einen der Bürger des Landes um Hilfe. Der schickte ihn aufs Feld zum Schweinehüten. Er wollte seinen Hunger mit den Futterschoten stillen, die die Schweine fraßen. Aber er bekam nichts davon.
Da ging der Sohn in sich und dachte: „Wie viele Arbeiter hat mein Vater und sie alle haben reichlich Brot zu essen. Aber ich komme hier vor Hunger um. Ich will zu meinem Vater gehen und zu ihm sagen:

Vater, ich habe Schuld auf mich geladen – vor Gott und vor dir. Ich bin es nicht mehr wert, dein Sohn genannt zu werden. Nimm mich als Arbeiter in deinen Dienst."
So machte er sich auf den Weg zu seinem Vater. Sein Vater sah ihn schon von Weitem kommen und hatte Mitleid mit ihm. Er lief seinem Sohn entgegen, fiel ihm um den Hals und küsste ihn. Aber sein Sohn sagte zu ihm: „Vater, ich habe Schuld auf mich geladen – vor Gott und vor dir. Ich bin es nicht mehr wert, dein Sohn genannt zu werden."
Doch der Vater befahl seinen Dienern: „Holt schnell das schönste Gewand aus dem Haus und zieht es ihm an. Steckt ihm einen Ring an den Finger und bringt ihm Sandalen für die Füße. Dann holt das gemästete Kalb her und schlachtet es: Wir wollen essen und feiern! Denn mein Sohn hier war tot und ist wieder lebendig. Er war verloren und ist wiedergefunden." Und sie begannen zu feiern. (Lukas 15,11–24)

Sammelt mit den Jugendlichen einzelne Worte (evtl. auf einem großen Bogen Papier), wie sie den Vater beschreiben würden. Wie ist der Vater in der Geschichte?

Jesus hat uns diese Geschichte erzählt, um uns zu zeigen, wie Gott ist und wie er sich seinen Kindern gegenüber verhält.
Stell dir vor, du bist der Sohn in der Geschichte. Wo stehst du in deiner Beziehung zu Gott? Wo ist dein Platz?

Um diese Fragen zu beantworten, stellen wir dir zwei Möglichkeiten vor:

Check-Liste
Auf der Checkliste im Handout S. 12 stehen die unterschiedlichen Positionen zum Ankreuzen

- „Ich gehe weg von Gott"
- „Irgendwo weit weg, alleine"
- „Ich will gerade umdrehen und zurück gehen"
- „Auf dem Weg zu Gott, nach Hause"
- „Bei Gott, in seinen Armen"
- „Im Schoß der Familie Gottes"

Vote by your feet

Alternativ könnt ihr mit euren Jugendlichen dazu auch direkt im Raum „Stellung beziehen". Auf der einen Seite des Raumes steht sozusagen Gott und das Zusammenleben mit ihm, auf der anderen Seite zu stehen bedeutet, ganz weit weg zu sein. Die Jugendlichen können sich nun zwischen diesen beiden Seiten positionieren, am besten sogar noch mit Blickrichtung (entweder Richtung Gott schauen – Interesse, Gott zugewandt, oder von Gott weg schauen – bin gerade auf dem Rückzug.) Das kann sehr spannend sein und gibt auch Jugendlichen, die sich weit weg von Gott positionieren, die Möglichkeit, ihr eventuelles Interesse an Gott darzustellen!

Wenn die Situation es zu lässt, können dazu noch Fragen gestellt werden:

- Warum sollte ich dort hin (zu Gott ins Vaterhaus) wollen? Was habe ich davon?
- Warum stehst du dort, wo du stehst?

JETZT KOMMST DU!

Entdecke den Unterschied

Unsere Position hängt ganz stark davon ab, was wir denken, was uns im Haus des Vaters erwartet. Jede/r hat eine andere Idee davon, wer oder was der Vater / Gott ist. Die meisten Bilder, die wir von Gott im Kopf haben, haben wir von anderen Menschen (Eltern, Großeltern, Freunden, …) bewusst und unbewusst gelernt.
Was für einen Unterschied macht es, ob man Gott kennt oder nicht?
Man kann es z. B. so beschreiben:

Macht das Licht aus (das Zimmer sollte so dunkel wie möglich sein). Lasst die Dunkelheit einen kurzen Moment wirken und zündet dann eine Kerze an. Nebenbei erklärt ihr, dass in der Bibel ganz oft die Rede davon ist, dass Jesus als Licht in die Welt kommt. Menschen erkennen auf einmal eine ganz andere Wirklichkeit und sehen auch sich selbst mit neuen Augen. Auf einmal merkt man: da gibt's ja noch viel mehr!

Eine andere Möglichkeit wäre:

Ihr werft mit dem Beamer (oder als Kopie für jede/n) ein schwarz-weiß Bild (evtl. das Rembrandt-Bild) an die Wand und erklärt, dass manche Leute es so beschreiben würden, dass in ihrem Leben vorher alles schwarz-weiß war. Mit Jesus bekommt alles mehr Tiefe, mehr Farbe und eine andere Qualität (jetzt am besten das gleiche Bild in bunt zeigen bzw. austeilen).

An dieser Stelle ist auch ein Zeugnis von euch gut geeignet. Wie war das Leben für dich ohne Gott und wie mit?

Wenn Jugendliche in eurer Gruppe dabei sind, die sich schon für ein Leben mit Gott entschieden haben, dann wäre es toll, wenn sie was dazu erzählen, wie sie den Unterschied erlebt haben. Das ist eine Möglichkeit für die Jugendlichen, über ihre eigene Erfahrung mit Gott zu reden.
Manche, vielleicht die, die in einem christlichen Elternhaus groß geworden sind, werden es schwer finden, ihr Leben mit Gott zu beschreiben, wenn sie sich nicht an eine Zeit ohne ihn erinnern können. Andere haben vielleicht noch nie darüber nachgedacht und werden die Frage nicht verstehen.
Nutzt die Gelegenheit, um den Unterschied klar zu machen zwischen: etwas über Gott wissen und ihn wirklich kennen.

SPRICH MIT GOTT

Gebt jedem Jugendlichen eine Papierblume und ein Schälchen mit Wasser und bittet alle ganz still zu sein und die Blume in das Wasser zu legen. Lest Psalm 46,11: „Seid still und erkennt, dass ich Gott bin".
Beobachtet, wie die Papierblume im Wasser langsam ihre Blütenblätter öffnet.

Betet jetzt gemeinsam und ladet Gott ein, sich jeder Teilnehmerin und jedem Teilnehmer im Laufe der nächsten Tage zu zeigen, so wie die Blume ihr Inneres den Teilnehmenden gezeigt hat.

Oder:
Jeder bekommt eine brennende Kerze und alle sind ganz still.
Lest Psalm 46,11: „Seid still und erkennt, dass ich Gott bin."
Betet und bittet Gott, dass er sich jedem Jugendlichen zeigt, so wie eine Kerze das Dunkel erhellt.

WAS SACHE IST

Wir können Gott tatsächlich nicht anfassen mit unseren Händen, aber wir können ihn persönlich kennenlernen. Gott kennenzulernen ist eine lebenslange Reise. Der EMMAUS-Weg ist dafür eine gute erste Etappe. Lass sie uns gemeinsam gehen und gespannt sein, was wir über Gott herausfinden werden.

WIE ES WEITER GEHT

Viele Sachen können uns helfen, Gott näher zu kommen. Am besten können wir Gott aber durch seinen Sohn, Jesus, kennen lernen... darüber mehr in der nächsten Einheit.
Ermutigt die Jugendlichen, in den nächsten Tagen, weiter über die Fragen dieses Abends nachzudenken und vielleicht sogar mit Gott darüber zu reden.
Auf jeden Fall darf jeder seine Liste der guten Dinge mitnehmen (wenn dieses Spiel durchgeführt wurde), um sie zuhause täglich einmal lesen zu können.

TIMING

Leg gleich los!	10 Minuten
Weißt du noch?	5 Minuten
Jetzt kommt du! Lebensweg	20 Minuten
Was dich betrifft: Vater und Sohn	20 Minuten
Jetzt kommst du: Entdecke den Unterschied	10 Minuten
Sprich mit Gott	10 Minuten
Was Sache ist / Wie es weitergeht	2 Minuten

EINHEIT 3

GOTT WIRD MENSCH – WEIHNACHTEN

Entwickelt von Dieter Braun und Alexander von Wascinski

Was ihr braucht:

- Gegenstände für das Spiel „Die Geschichte finden"
- Ein in Weihnachtspapier verpacktes Geschenk
- Ein kleines Päckchen bzw. ein Geschenkkuvert mit z. B. Einem Taschenmesser, iTunesCard etc.
- ausgedruckte Bilder gestrandeter Grindwale (sucht in der Google-Bildersuche nach „Grindwal gestrandet")
- Material zum Basteln, Malen o.ä.
- Stifte und Geburtstagskarten
- Tigerpudding oder einen Marmorkuchen
- Ein paar „Black Stories" (Ihr findet welche im Internet, wenn ihr den Begriff bei Google eingebt)
- Gebet zum Mitgeben

UM WAS ES GEHT

Gott stellt sich im Alten Testament vor als der Gott, der mit den Menschen ist. In Jesus Christus wird Gott selbst Mensch, um in der direkten Begegnung unmittelbar bei uns Menschen zu sein.

Er teilt das ganze menschliche Schicksal von der Geburt bis zum Tod und darüber hinaus. Er unterwirft sich seiner eigenen Schöpfung. Gott reduziert den Abstand zwischen ihm und dem Menschen.

LEG GLEICH LOS!

Die Geschichte finden

Macht eine Art Detektivspiel: Zeigt drei Gegenstände und lasst die Teilnehmenden Rückschlüsse ziehen, wie eine mögliche Geschichte zu diesen Gegenständen lauten könnte. Die Frage lautet: Welche Geschichte kann dieser Gegenstand haben? Lasst möglichst alle Interpretationsmöglichkeiten zu.

Ein Beispiel ist:

- Ein dreckiger Fußballschuh: Jemand hat Fußball gespielt.
- Zwei benutzte Kaffeetassen: Zwei Freundinnen haben sich zum Kaffeetrinken getroffen, ODER: eine/r hat zwei Tage lang nicht gespült, ODER …
- Der letzte Gegenstand ist ein Geschenk, das in Weihnachtspapier verpackt ist. Was kann das bedeuten? Lasst die Deutungen einfach stehen, kommentiert sie nicht.

WEISST DU NOCH?

In der letzten Einheit ging es darum, dass wir Gott kennenlernen und mit ihm in Kontakt sein können.
Dass wir mit Gott Kontakt haben können, ist für uns Menschen ein riesiges Geschenk. Heute werden wir sehen, dass Gott uns noch viel mehr schenkt. Er kommt in Jesus zu uns.

Ladet die Teilnehmenden ein, über die Dinge zu reden, für die sie seit dem letzten Mal gebetet haben, über die sie nachgedacht und die sie umgesetzt haben (entweder alle zusammen oder in Zweiergruppen). Bereitet euch darauf vor, auch ein paar eigene (kurze!) Gedanken beizutragen

JETZT KOMMST DU!

Geschenke

Die Fragestellung für diesen Teil ist: Über welches Geschenk hast du dich in deinem Leben schon besonders gefreut?

Lasst die Teilnehmenden ein Geschenk, über das sie sich besonders gefreut haben, kreativ darstellen (Malen, Basteln, Collage etc.). Jede und jeder stellt sein/ihr Geschenk vor sich und erklärt es (kurz!).

WAS DICH BETRIFFT

Bring ein kleines Päckchen, ein Geschenkkuvert etc. mit, das erst einmal klein und unbedeutend aussieht. Das Geschenk muss zu dir passen. Erkläre, warum du zuerst enttäuscht warst und wie du dann aber den wahren Wert entdeckt hast. Möglichkeiten sind: Dein Taschenmesser in einer winzigen Schachtel, ein Gutschein für ein gemeinsames Wochenende mit einem Freund (o.ä.), eine iTunes-Card, mit der du ein neues Lieblingslied entdeckt hast usw.

Der Zielgedanke ist: Du bekommst ein Geschenk, das du zu klein findest oder unterschätzt, also ein Geschenk, von dem man zuerst einmal enttäuscht ist. Erst im Kennenlernen oder Benutzen des Geschenks wird dir der wirkliche Wert des Geschenks klar.

Könnte es sein, dass hinter Weihnachten ein größeres Geschenk steckt, als du bisher dachtest? An Weihnachten wird viel gekauft und verschenkt. Für viele ist Weihnachten aber auch enttäuschend. Aber bleibt das wahre Geschenk, dass nämlich Gott auf Augenhöhe zu uns Menschen kommt, hinter dem Weihnachtstrubel verborgen

JETZT KOMMST DU!

Wale
Lege die Bilder der gestrandeten Grindwale zum Erzählen der Geschichte vor dich hin.

Kennst du Grindwale? Grindwale sorgen immer wieder für Schlagzeilen.
Zum Beispiel: „55 Grindwale stranden vor der Küste Südafrikas", „78 Meeressäuger stranden an der Küste Neuseelands", „Grindwale stranden in Bali".

Was ist das? Die Experten rätseln, wie es dazu kommt. Man weiß: Die riesigen Tiere benutzen Sonar, um sich zu orientieren. Und man vermutet, dass sie verwirrt werden, wenn

sie in die Nähe sandiger Strände kommen – aber warum das so ist, weiß man nicht. Jedenfalls schwimmen die in Herden lebenden Tiere von Zeit zu Zeit völlig irregeleitet auf die Küste zu und bleiben dann im seichten Wasser stecken.
Die Bilder, die um die Welt gehen, sind in solchen Fällen immer gleich. Helfer bemühen sich verzweifelt, die drei Tonnen schweren Tiere aus dem seichten Gewässer ins tiefere Wasser zu bewegen. Das ist ein Kampf gegen die Uhr, denn die Wale drohen an Land zu ersticken. Also werden die Tiere mühsam auf Matten gerollt und ins Wasser geschoben… „dann beginnt der Kampf, sie dazu zu bringen, in die richtige Richtung zu schwimmen", erklären Tierschützer. Für sie ist die Arbeit manchmal zum Verzweifeln. Denn kaum sind die Wale wieder im tieferen Wasser, drehen sie um und schwimmen erneut auf den Strand zu.
Die Helfer stehen oft hilflos vor diesem Phänomen. Sie versuchen mit Bulldozern die Tiere zu bewegen, versuchen sie auf tausend unterschiedliche Weisen vom Land weg zu halten… allzu oft erfolglos – es ist zum verrückt werden. Was kann man tun?

Lass die Teilnehmenden nach Lösungen suchen.

WAS SACHE IST

Die Tierschützer arbeiten weltweit an Lösungsversuchen. Manche kommen dabei auf völlig verrückte Ideen, zum Beispiel diese: „Das Beste wäre, wir könnten selbst ein Wal werden, dann könnten wir den Tieren – sozusagen auf Augenhöhe und in ihrer Sprache erklären (quasi auf walisch), was Sache ist."

Das ist natürlich ein verrückter Gedanke – völlig undenkbar. Aber was den Wal-Rettern unmöglich ist, das hat Gott gemacht, und zwar an Weihnachten. Gott wurde Mensch. Er ist einer von uns geworden, damit wir ihn auch wirklich verstehen können.

Gott kommt zu uns und redet mit uns in unserer Sprache. Das ist an Weihnachten passiert und das ist das eigentliche Geschenk, das hinter Weihnachten steckt: Gott kommt in Jesus als Mensch zu uns.

SPRICH MIT GOTT

Redet mit Jesus, als ob er jetzt bei euch sitzen würde. Wenn ihr danke sagen wollt, dann tut es, als ob ihr einem Menschen dankt, der hier sitzt. Wenn ihr Fragen habt, wenn ihr Bitten habt, dann formuliert es ganz direkt.

Wenn ihr nicht frei beten wollt, dann bietet den Teilnehmenden an, das Gebet zu beten, das im Handout auf Seite 16 abgedruckt ist:

Jesus, ich rede jetzt mit dir, obwohl ich mir noch gar nicht sicher bin, ob es dich überhaupt gibt.

Ich habe gehört, dass wir an Weihnachten feiern, dass du geboren worden bist.
Ich habe gehört, dass du Gott bist.
Ich habe gehört, dass du mir nahe bist.

Ob ich das alles glauben kann, weiß ich noch nicht.
Wenn ich mir die Welt anschaue, sehe ich nichts davon, dass du hier bist.
Ich sehe himmelschreiende Ungerechtigkeiten und weiß nicht, warum du das alles zulässt.

Ich weiß nicht, ob ich nicht eigentlich an dir zweifle.
Aber, Jesus, wenn es dich gibt, dann will ich mehr von dir erfahren.
Amen.

JETZT KOMMST DU!

Geburtstagsfest
Die Einheit endet als kleines Geburtstagsfest, mit etwas Leckerem zu trinken und Tigerpudding (Schoko- und Vanillepudding in einer Schüssel vermischt, wie heller und dunkler Teig bei einem Marmorkuchen).

Beendet die Einheit als Geburtstagsfest für Jesus. Schreibt eine Karte an Jesus, wie eine ganz normale Geburtstagskarte und legt sie auf einen Geschenktisch. Dann esst ihr den Tigerpudding. Das Tolle ist, dass bei einem Tigerpudding zwei Sorten

Pudding untrennbar zusammen gemischt sind. Obwohl wir nicht erklären können, wie Gott und Mensch in Jesus genau zusammen zu denken sind, lässt sich das trotzdem nicht voneinander trennen.

Wenn ihr mögt und Zeit habt, spielt ein paar Runden „Black Story". Bei einer Black Story wird eine Situation erklärt. Wie es zu dieser Situation kam, liegt im Dunkeln. Du musst die Geschichte dazu finden. Es dürfen nur Ja- und Nein-Fragen gestellt werden. Bei Nein ist der/die nächste an der Reihe.

Ein Detektiv kann beim genauen Betrachten von verschiedenen Dingen auf eine Geschichte schließen. Es ist wie bei Weihnachten. Dahinter steckt auch eine Geschichte, die man entdecken kann.

TIMING

Leg gleich los!	5 Minuten
Weißt du noch?	5 Minuten
Jetzt kommt du! Geschenke	15 Minuten
Was dich betrifft:	5 Minuten
Jetzt kommst du! Wale	10 Minuten
Was Sache ist	5 Minuten
Sprich mit Gott	5 Minuten
Jetzt kommst du! Geburtstagsfest	20 Minuten

EINHEIT 4

JESUS – SEIN LEBEN UND SEIN DIENST

Bearbeitung: Jürgen Kehrberger, Janine Haller

Was ihr braucht:

- Post-Its oder kleine Zettel und Tesa-Film
- Bilder von Jesus (sucht in in der Google-Bildersuche nach „Jesus" oder „Christus". Oder schaut unter www.jesusmafa.com nach afrikanischen Bildern von Jesus)
- Bibeltexte über Jesus (siehe Anhang S. 175 oder auf der beiliegenden CD-Rom), die ihr kopiert bzw. ausdruckt und zerschneidet
- leere Postkarten, Kugelschreiber, Bunt- oder Filzstifte
- eine Liste mit zehn berühmten Leuten (tot oder lebendig) oder Bilder von Prominenten für das „Leg gleich los!"

UM WAS ES GEHT

Es gibt sehr verschiedene Möglichkeiten, etwas über Gott in Erfahrung zu bringen. Die Schönheit der Erde und der sternklare Nachthimmel können für uns zu einem Hinweis werden, dass es Gott gibt. Wir können Gott kennenlernen, indem wir über unsere Erfahrungen im Leben nachdenken. Wir können Gott auch durch die Bibel und die Gemeinde kennenlernen. Doch vor allen Dingen ist Jesus der Weg, um Gott kennenzulernen. Heute geht es darum, wie Gott sich in Jesus gezeigt hat.

LEG GLEICH LOS!

Wer bist du?
Jede und jeder aus der Gruppe sucht sich eine berühmte Person aus, tot oder lebendig, und beantwortet Fragen wie: „Bist du noch am Leben?", „Bist du ein Mann?", „Bist du ein Fußballspieler?" Die Fragen dürfen nur mit Ja oder Nein beantwortet werden. Die Gruppe hat 20 Fragen, um die Identität der geheimnisvollen Person zu erraten.
Es ist hilfreich, schon vorher eine Liste möglicher Persönlichkeiten vorzubereiten – Sportler, Popstars, Politiker usw. – für den Fall, dass der Gruppe die Ideen ausgehen.

Oder:
Promi-Puzzle
Besorgt euch Bilder von prominenten Personen und zerschneidet sie in ca. 12 Teile. Die Jugendlichen müssen die Person erraten, indem das Puzzle Stück für Stück aufgedeckt wird.
Vorteil: die Gruppe kann gemeinsam agieren, der Leiter kann stärker mitwirken, es müssen keine Fragen formuliert werden.

Oder:
Wer bin ich?
Jede und jeder Jugendliche bekommt einen Zettel auf die Stirn geklebt, auf dem der Name einer berühmten Person steht. Diese Person gilt es nun durch Fragen herauszufinden. Die anderen dürfen jedoch nur mit Ja und Nein antworten.

WEISST DU NOCH?

Gott wurde Mensch
Erinnert die Gruppe an das Geburtstagsfest Jesu. Fragt die Gruppe, was sie noch von der letzten Woche behalten hat. Ladet sie ein, über die Dinge zu reden, für die sie seit dem letzten Mal gebetet haben, über die sie nachgedacht und die sie umgesetzt haben (entweder alle zusammen oder in Zweiergruppen). Bereitet euch darauf vor, auch ein paar eigene (kurze!) Gedanken beizutragen. Erklärt, dass es bei diesem Treffen um Jesus geht und um seine Art zu zeigen, wie Gott ist.

JETZT KOMMST DU!

Stell dir das mal vor!
Sammelt so viele Abbildungen von Jesus, wie ihr könnt. Breitet sie auf dem Boden aus. Ladet die Jugendlichen ein, das Bild auszusuchen, das ihnen am meisten darüber sagt, wer Jesus ist und was wichtig an ihm ist. Achtet darauf, viele verschiedene Darstellungen zu nehmen, damit für jeden etwas dabei ist (Hinweis für Mitarbeiter: Alle Jesusdarstellungen sind menschliche Vorstellungen. Ziel ist nicht, das Aussehen des historischen Jesus zu finden). Ermutigt sie über das Bild, das sie sich ausgesucht haben, zu reden, entweder zu zweit, zu dritt, oder als ganze Gruppe.

WAS DICH BETRIFFT

Fenster zu Gott
Jesus ist das Fenster zu Gott. Er zeigt uns wie Gott ist – was seine Prioritäten sind, wie er mit Menschen umgeht, was er über die Welt denkt.
Kopiert den Zettel mit den sechs kurzen Texten aus den Evangelien aus dem Anhang. Schneidet sie zurecht und legt sie in eine Schale. Dann sollen die Teilnehmenden nacheinander je einen Zettel ziehen und ihn vorlesen (Wenn ihr junge Leute in der Gruppe habt, die Probleme mit dem Lesen haben, dann organisiert die Aktion lieber in Paaren oder fragt, wer freiwillig vorlesen will). Nach jedem Bibelabschnitt stellt ihr die Frage: „Was sagt diese Stelle über Gott?" Diskutiert darüber entweder als ganze Gruppe oder teilt die Gruppe erst in Kleingruppen auf, die für sich diskutieren und dann ihr Ergebnis an die ganze Gruppe weitergeben.

Lukas 1,30–32	➔ Gott wird Mensch
Lukas 4,16–19	➔ Jesus der Retter, der bereits im Alten Testament angekündigt ist
Lukas 5,12–13	➔ Jesus ist allmächtig und kann heilen
Lukas 6,31	➔ Jesus der Ratgeber
Lukas 6,46–49	➔ Jesus ist Fundament des Lebens
Lukas 8,22–25	➔ Jesus der Herrscher über alles

Stellt bei einigen Passagen auch andere Fragen, um die Gruppe dazu zu bringen, kreativ darüber nachzudenken, wer Jesus ist.

JETZT KOMMST DU!

„Wer sagst du, dass ich bin?"
Lest Matthäus 16,13–16 (die Bibelstelle ist im Handout auf S. 19 abgedruckt):

Jesus kam in die Gegend von Cäsarea Philippi. Er fragte seine Jünger: „Für wen halten die Leute eigentlich den Menschensohn?" Sie antworteten: „Manche halten dich für Johannes den Täufer, andere für Elija, und wieder andere für Jeremia oder einen der Propheten." Da sagte Jesus zu ihnen: „Und für wen haltet ihr mich?" Simon Petrus antwortete ihm: „Du bist der Christus, der Sohn des lebendigen Gottes!"

Tipp: Erklärung zu Vers 14: Im Alten Testament gibt es immer wieder von Gott gerufene Männer, die eine Brücke zwischen Gott und den Menschen sind: dazu gehören Elia und Jeremia, ebenso wie Johannes der Täufer im Neuen Testament, der auf Jesus hinweist.

„Wer sagst du, dass ich bin?" Dies ist die zentrale Frage, der sich jeder Mensch stellen muss – wer ist Jesus von Nazareth?

- Ist er ein fehlgeleiteter Irrer?
- Ist er ein guter Lehrer und Philosoph?
- Ist er ein Wundertäter?
- Ist er Gott, der auf die Erde gekommen ist?

Niemand kann für dich diese Frage beantworten. Der christliche Glaube behauptet, dass Gott in Jesus ist. In Jesus ist unser Leben mit Gott vereint. Durch seine Geburt kam Jesus zu uns und teilte unser Leben als Mensch. Als er am Kreuz starb, teilte er auch unseren Tod. Als Jesus vom Tod wieder auferstand, trug er unser Leben nach Hause zu Gott. Dadurch machte er den Weg frei, damit wir Menschen ein Leben mit Gott haben können. Gott teilte unser Leben auf der Erde, damit wir unser Leben mit Gott und anderen Menschen teilen können.

Im Handout auf S. 19 findet sich eine Liste mit verschieden Beschreibungen Jesu. Damit können sich die Teilnehmenden zu Hause noch einmal beschäftigen.
Nimm dir noch einmal Zeit, über alles Gehörte nachzudenken. Schreibe auf eine Postkarte die Antwort auf die Frage, wer Jesus für dich ist.

SPRICH MIT GOTT

Benutzt die Antworten auf den Postkarten als ein Gebet. Stellt den Teilnehmenden die Frage: „Für wen haltet ihr mich?“ Jede und jeder in der Gruppe liest dann die Antwort auf der Karte vor. Oder legt die beschriebenen Karten verdeckt in die Mitte. Jede und jeder kann nun eine Karte umdrehen und vorlesen.
Betet gemeinsam das Fürbitte-Gebet aus dem Handout (S. 20):

Jesus, Sohn Gottes,
mein Freund,
ich freue mich, dass du mir nahe bist
und zu mir sprichst.
Du bist die Wahrheit, die mich frei macht,
Mein Weg bist du,
mein Licht und mein Leben.
In deiner Liebe
finde ich die Liebe Gottes
und die Kraft, meine Mitmenschen zu lieben,
wie ER mich liebt.
Bei dir fühle ich mich geborgen.
Ich will nie mehr ohne dich sein.
Amen.

WAS SACHE IST

Jesus ist Gottes Weg zu Gott. Wir können einen Blick auf Gott in seiner Schöpfung erhaschen oder in unserer eigenen Erfahrung. Viele Menschen haben eine Ahnung von Gott (oder versuchen wenigstens ihrem Leben einen Sinn zu geben) und die meisten Kulturen haben Religionen, die sich auf einen Gott ausrichten. Aber nur die Christen sagen, dass Gott sich auf die Suche nach uns gemacht hat! Jesus ist Gott, der uns findet und liebt: Gott in menschlicher Gestalt, der uns zeigt, wie Gott ist. Die Bibel gibt uns einen vertrauenswürdigen Bericht davon, was die ersten Christen geglaubt und erlebt haben und durch die Bibel können wir etwas über Jesus erfahren und anfangen, uns unsere eigene Meinung über ihn zu bilden.

Gebt den Teilnehmenden den Hinweis, dass sie mehr von Jesus erfahren können, wenn sie in der Bibel lesen. Klärt, dass jede und jeder ein Bibel hat. Am besten ist es, wenn ihr an alle aus eurer Gruppe eine Bibel verschenken könnt, z. B. die BasisBibel, die auch hier im Kurs verwendet wird. Überlegt euch, wann dafür der beste Zeitpunkt ist, jetzt oder z. B. in Einheit 8, wenn es um die Bibel geht. Damit das gelingt, braucht ihr Sponsoren. Gemeindeglieder könnten die Kosten für die Bibeln übernehmen und euch so unterstützen. Bestellen könnt ihr die Bibeln unter anderem bei www.ejw-buch.de.

WIE ES WEITER GEHT

Ermutigt die Teilnehmenden darüber nachzudenken, worüber sie beten, nachdenken und was sie umsetzen wollen als Reaktion auf das heutige Thema.

TIMING

Leg gleich los!	15 Minuten
Weißt du noch?	5 Minuten
Jetzt kommt du! Stell dir das mal vor	15 Minuten
Was dich betrifft: Fenster zu Gott	15 Minuten
Jetzt kommst du! Wer sagst du, dass ich bin?	15 Minuten
Sprich mit Gott	5 Minuten
Was Sache ist / Wie es weitergeht	5 Minuten

EINHEIT 5

JESUS – SEIN TOD UND SEINE AUFERSTEHUNG

Bearbeitung: Dirk Möller

Was ihr braucht:

- ein paar größere Schokoladenkekse
- einen Film über Jesus
- Material für „Jerusalem TV“, evtl. Verkleidung, Mikrofon, Digitalkamera
- Statements für die Talkshow, kopiert oder ausgedruckt und in Streifen zerschnitten. Du findest die Vorlage auf der beiliegenden CD-Rom oder im Anhang, S. 176
- Steine, um zwei Steinhügel zu bauen, ein etwas größeres Holzkreuz

UM WAS ES GEHT

Der Tod und die Auferstehung Jesu bilden den Kern des christlichen Glaubens. Ohne die Auferstehung ist Jesus nur ein weiterer guter Mensch, der gute Sachen getan und gesagt hat. Die Auferstehung zeigt uns, dass er Gottes Sohn ist, derjenige, der über die Sünde und den Tod gesiegt hat. Sein Tod bezeugt, wie sehr Gott am Leben der Menschen Anteil nimmt und es verändern will.

LEG GLEICH LOS!

Schoko-Kekse
Teilt alle in Dreiergruppen auf. Gebt jeder Gruppe zwei Schokoladenkekse und stellt ihnen die Aufgabe, sie untereinander aufzuteilen. Bevor sie die Kekse essen, soll jede Gruppe den anderen zeigen, wie sie die Kekse aufgeteilt haben.
Hoffentlich hat jede Gruppe die Kekse zerbrochen, um sie miteinander zu teilen! Erklärt den Gedanken, dass manche Sachen erst zerbrochen werden müssen, bevor man sie teilen kann. Zeigt der Gruppe auch noch ein paar weitere Beispiele (eine Walnuss, ein Ei, Brot, Mandarine und was euch noch so einfällt).

WEISST DU NOCH?

Ladet alle ein, entweder in Zweiergruppen oder als ganze Gruppe, zu erzählen, worüber sie seit der letzten Woche nachgedacht haben. Haben sie noch einmal darüber nachgedacht, wer Jesus für sie ist?
Erklärt, dass das heutige Thema sich damit beschäftigen wird, warum Jesus gestorben und auferstanden ist und die Frage stellt: „Was hat das alles zu bedeuten?"

WAS DICH BETRIFFT

Die Auferstehung
Zeigt einen Filmausschnitt von Jesu Tod und Auferstehung. Wenn ihr aus irgendeinem Grund keinen Filmausschnitt zeigen könnt oder wollt, kann die Geschichte auch vorgelesen werden, vielleicht indem verschiedene Stimmen die verschiedenen Personen vorlesen. Ihr findet die Bibelstelle auch im Handout auf S. 22–23. Nachdem ihr den Film gesehen oder den Text gelesen habt, gebt der Gruppe ein bisschen Zeit, um darauf zu reagieren und ihre Meinung auszutauschen.

Die Auferstehungsgeschichte aus dem Matthäusevangelium:
So kamen sie zu der Stelle, die Golgota heißt, das bedeutet „Schädelplatz". [...] Dann kreuzigten sie ihn.

Es war die sechste Stunde, da breitete sich im ganzen Land Finsternis aus. Das dauerte bis zur neunten Stunde. Um die neunte Stunde rief Jesus laut: „Eli, Eli, lema sabachtani?" Das heißt: „Mein Gott, mein Gott, warum hast du mich verlassen?" […] Jesus schrie noch einmal laut auf und starb. Und sieh doch: Da zerriss der Vorhang im Tempel von oben bis unten in zwei Teile. Die Erde bebte und Felsen spalteten sich. […] Ein römischer Hauptmann mit seinen Soldaten bewachte Jesus. Sie sahen das Erdbeben und alles, was geschah. Da fürchteten sie sich sehr und sagten: „Er war wirklich der Sohn Gottes!" [...]

Als es spät geworden war, kam ein reicher Mann aus Arimathäa. Er hieß Josef und gehörte zu den Jüngern von Jesus. Er ging zu Pilatus und bat ihn um den Leichnam von Jesus. Da befahl Pilatus, ihm den Leichnam zu übergeben.

Josef nahm den Leichnam und wickelte ihn in ein neues Leinentuch. Dann legte er Jesus in seine eigene Grabkammer. Die war noch unbenutzt und in den Felsen gehauen. Schließlich rollte er einen großen Stein vor den Eingang zur Grabkammer. […] Sie versiegelten den Stein vor der Grabkammer und sicherten es durch eine Wache.

Der Sabbat war vorüber. Da kamen ganz früh am ersten Wochentag Maria aus Magdala und die andere Maria, um nach dem Grab zu sehen.

Und sieh doch: Plötzlich gab es ein heftiges Erdbeben, denn der Engel des Herrn kam vom Himmel herab. Er ging zum Grab, rollte den Stein weg und setzte sich darauf.
Seine Gestalt leuchtete wie ein Blitz und seine Kleider waren weiß wie Schnee. Die Wachen zitterten vor Angst und fielen wie tot zu Boden.

Der Engel sagte zu den Frauen: „Habt keine Angst! Ich weiß: Ihr sucht Jesus, der gekreuzigt wurde. Jesus ist nicht hier. Gott hat ihn vom Tod auferweckt, wie er es vorausgesagt hat. Kommt her und seht: Hier ist die Stelle, wo er gelegen hat. Und jetzt schnell zu seinen Jüngern! Sagt ihnen: „Jesus wurde vom Tod auferweckt." Seht doch: Er geht euch nach Galiläa voraus. Dort werdet ihr ihn sehen. Seht doch: Ich habe es euch gesagt."

Die Frauen waren erschrocken und doch voller Freude. Schnell liefen sie vom Grab weg, um den Jüngern alles zu berichten.
Und sieh doch: Da stand Jesus vor ihnen und sagte: „Seid gegrüßt!" Sie gingen zu ihm, berührten seine Füße und warfen sich vor ihm zu Boden. Da sagte Jesus zu ihnen: „Habt keine Angst! Geht und sagt meinen Brüdern: ‚Macht euch auf nach Galiläa. Dort werdet ihr mich sehen.'" (Matthäus 27,33 – 28,10)

JETZT KOMMST DU!

Jerusalem TV

Teilt die Gruppe in mindestens zwei Gruppen auf (eine ideale Größe wären 4–5 Personen). Sagt ihnen, dass sie jetzt für Jerusalem TV oder das Jerusalemer Lokalradio arbeiten. Es ist Ostersonntag. Sie sollen einen kurzen Beitrag für die Abendnachrichten produzieren. Darin sollen die Ereignisse der letzten Tage beschrieben werden und auch Interviews mit den Hauptakteuren der Geschichte vorkommen.
Ermutigt sie dazu, sich darauf zu konzentrieren, warum Jesus gestorben und auferstanden ist und stellt die Frage: „Was hat das alles zu bedeuten?"
Gebt den Gruppen genug Zeit, um ihren Beitrag zu planen und einzuüben und schaut sie euch dann gemeinsam an.
Wenn ihr genügend Zeit und eine Digitalkamera habt, dann könnt ihr die Nachrichten auch aufnehmen und danach wie im „echten" Fernsehen anschauen.

WAS DICH BETRIFFT

Das Kreuz wird erklärt

Gerade ging es darum, dass Jesus von Toten auferstanden ist, nachdem er gekreuzigt wurde und starb. Doch wieso ist Jesus überhaupt gestorben?
Anhand des Bildes des „Sunds" wird die Trennung von Gott und seine Sehnsucht nach uns Menschen erklärt. Als „Sund" werden im Ostseeraum Meerengen beschrieben, die eine Insel vom Festland trennen. Das Wort „Sünde" leitet sich davon ab, sie beschreibt die Trennung des Menschen von Gott.
Diese Trennung kann nicht einfach von den Menschen wieder aufgehoben werden, so wie man von einer kleinen kargen und unbewohnten Insel nicht einfach eine Brücke zum Festland bauen kann. Diese Trennung kann nur Gott aufheben. Das hat er in Jesus getan. Deswegen ist er auf die Erde gekommen, ist gestorben und auferstanden.
In der Bibel steht nämlich, dass der Lohn, den die Sünde zahlt, der Tod ist. Wenn wir Schuld auf uns laden, dann trennt uns das von Gott und der Lohn dessen ist der Tod. Jesus aber hat nie Schuld auf sich geladen, er hat ein Leben ohne Fehler, ohne Sünde gelebt. Deswegen hat er den Tod überwunden und ist auferstanden, der Tod konnte ihm nichts anhaben. Und weil er ihn besiegt hat, müssen auch wir keine Angst mehr davor haben. Er nimmt uns mit hinein ins Leben.
Dieses Bild soll so plastisch wie möglich dargestellt werden. Baut aus Steinen oder ähn-

lichem zwei Hügel mit einem Graben (Sund) dazwischen. Legt nun ein Kreuz über den Graben, das symbolisiert, dass der Zugang zu Gott wieder möglich wird.
Dieses Bild zeigt die große Sehnsucht Gottes und dass er sich nicht aufhalten lässt. Gott hat uns geschaffen. Er liebt uns und wünscht sich, eine persönliche Beziehung zu uns zu haben. Das ist Gottes Liebesgeschichte mit uns Menschen. Ihr könnt sie im Handout auf S. 22–23 nochmal nachlesen.

Gott ist damit den entscheidenden Schritt auf uns zugegangen. Du bist eingeladen, auch Schritte auf ihn zuzugehen. Denn diese Liebesgeschichte geht weiter. Bei den meisten Liebesgeschichten und Märchen heißt es immer „und wenn sie nicht gestorben sind....“ Aber wenn du zu Jesus gehörst, gehörst du bis in alle Ewigkeit zu ihm. Und auch der Tod kann deine Beziehung zu Jesus nicht zerstören.

JETZT KOMMST DU!

Schwer zu glauben ...?
Dass Jesus von den Toten auferstanden sein soll, ist etwas schwer zu glauben. Selbst die Jünger konnten es zuerst nicht glauben. Das passiert eben nicht alle Tage. Nachdem ihr eben die Nachrichtensendung produziert habt, kommt jetzt die Talkshow. Verteilt die folgenden Rollen. Je nach Zeit könnt ihr die Teilnehmenden nur die Statements vortragen lassen oder, was natürlich noch spannender ist, in ihren Rollen diskutieren lassen.

Folgende Rollen sind zu besetzen:

Einer der führenden Priester. Er behauptet, Jesus sei gar nicht auferstanden, sondern seine Jünger hätten den Leichnam gestohlen um zu behaupten, er sei auferstanden. Das sei alles erstunken und erlogen.

Ein Soldat. Er hat das Grab bewacht, damit niemand den Leichnam stiehlt. Es kam niemand, aber plötzlich kam ein Erdbeben und er sah ein helles Licht, das ihn blendete. Es war, als sei ein Engel gekommen. Plötzlich war auch das Grab geöffnet. Er kann sich gar nicht erklären, wie das alles geschah.

Maria von Magdala. Am Morgen des dritten Tages kam sie als eine der ersten zum Grab. Obwohl das Grab bewacht wurde, war der Stein zur Seite gerollt. Wenn Jesus nicht von den Toten auferstanden war, wo ist dann sein Körper geblieben? Wenn die Obrigkeit ihn weggenommen hätte (und welchen Grund hätte sie dafür gehabt?), hätte sie den Leichnam spätestens dann wieder hervorgeholt, als behauptet wurde, dass Jesus wiederauferstanden ist.

Ein Augenzeuge. Mehr als 500 Personen gaben an, Jesus wieder lebendig gesehen zu haben. Diese Begegnung hat ihr Leben verändert und sie waren bereit, für diese Überzeugung zu sterben. Die Zeugen haben ihn nicht nur gesehen – sie haben mit ihm geredet und gegessen, sind mit ihm gegangen, haben von ihm gelernt und ihn berührt.

Ein Mitglied der ersten Gemeinde. Nach der Kreuzigung waren die Jünger entmutigt und abgeschlagen. Sie hatten Angst davor, was möglicherweise mit ihnen geschieht. Sie verleugneten sogar, dass sie Jesus kannten. Und nur ein paar Tage später riskierten sie schon ihr Leben, um allen zu verkünden, dass Jesus der Retter ist. Ihre Erfahrungen haben die Welt auf den Kopf gestellt. Welches Ereignis (außer der Auferstehung) hätte sie so verändern können? Würdest du bis ans andere Ende der Welt reisen, um eine Botschaft zu verkünden, die du dir nur ausgedacht hast? Würdest du für etwas sterben, von dem du weißt, dass es nur Fantasie ist?

Eine Christin, ein Christ von heute. Seit 2000 Jahren haben Männer und Frauen in allen Kulturen behauptet, dass man Jesus persönlich kennenlernen kann. Das passiert auch heute noch in unserem Land, unserer Stadt, unserer Gemeinde.

Versucht die Talkrunde so zu moderieren, dass jeder die Argumente auf seinem Zettel vortragen kann, es nicht zu chaotisch wird und nicht zu lange dauert. Beschließt irgendwann die Talkshow und lasst die Teilnehmenden sich wieder setzen.
Wenn die Aktion eher lustig und laut wurde, dann versucht nun, wieder etwas Ruhe in die Gruppe zu bekommen.

SPRICH MIT GOTT

Stellt euch im Kreis um das aufgebaute und erklärte „Sundbild". Wenn es für deine Gruppe und die Situation passt, stellt eine Kerze auf das Kreuz und hört ein kurzes ruhiges Stück Musik. Der Leiter kann folgendes Gebet beten: „Jesus, danke, dass du vom Himmel zu uns Menschen auf die Erde gekommen bist. Danke, dass du uns so unendlich liebst. Danke, dass du die Brücke zu Gott bist. Amen."

WAS SACHE IST

Der Tod und die Auferstehung von Jesus zeigen uns, wie sehr Gott uns liebt. Nichts kann uns von dieser Liebe trennen.

WIE ES WEITER GEHT

Ermutigt die jungen Leute zu beten und sich die Texte im Handout zu Hause noch einmal durchzulesen.

Ihr könnt den Jugendlichen auch vorschlagen, sich selber Kreuze zu basteln oder zu bauen. Zum Beispiel eins, das sie sich um den Hals hängen können. Das ist meist relativ zeitaufwändig und ihr benötigt neben den Werkstoffen wie z. B. Birkenholzplatten, Speckstein oder Kokosnussschale auch die nötigen Werkzeuge wie Laubsäge, Feile, Raspel und Schmirgelpapier, sowie einen Bohrer und Schnüre.
Ihr könnt diese Aktion auch zu einem extra Zeitpunkt zusammen durchführen und die Teilnehmenden dazu einladen. Denn diese Aktion macht den Jugendlichen in der Regel Spaß und sie hat mehrere positive Effekte: Zum einen hilft sie den Jugendlichen, über die konzentrierte Arbeit an dem körperlichen, physischen Kreuz über das Kreuz Jesu nachzudenken, zum anderen schweißen solche Aktionen des gemeinschaftlichen Arbeitens eine Gruppe zusammen.

TIMING

Leg gleich los!	5 Minuten
Weißt du noch?	3 Minuten
Was dich betrifft: Die Auferstehung	15 Minuten
Jetzt kommst du! Jerusalem TV	30 Minuten
Was dich betrifft: Das Kreuz wird erklärt	10 Minuten
Jetzt kommst du! Schwer zu glauben...?	15 Minuten
Sprich mit Gott	5 Minuten
Was Sache ist / Wie es weitergeht	3 Minuten

EINHEIT 6

DER HEILIGE GEIST – GOTT IST UNSICHTBAR DA

Bearbeitung: Jörg Kresse

Was ihr braucht:

- zehn Gegenstände für die „Leg gleich los"-Aktion (Windrad, Fön, Teddy, Bild einer Taube, Kerze, Batterie, Benzinkanister, ein Glas Wasser, Wörterbuch, ein Stück Obst) und zwei Schachteln (oder Tüten), um sie darin zu verstecken
- große Bögen Papier und Filzstifte für das Brainstorming
- Schmierpapier und Stifte
- zerschnittenes Obst zum Essen

UM WAS ES GEHT

Der Heilige Geist ist Gottes Kraft und Leben in uns und in unserem Leben. Er ist so etwas wie die dritte Seite Gottes: die „Unsichtbare Seite Gottes". Wir begegnen damit Gottes „Dreieinigkeit".
Das heutige Thema beschäftigt sich damit, wer der Heilige Geist ist und welche Wirkung er auf unser Leben hat.

LEG GLEICH LOS!

Fließband

Bei diesem Spiel geht es darum, sich Objekte zu merken. Dafür lasst ihr die oben genannten zehn Gegenstände über den Tisch schlittern, als ob sie über ein Fließband rollen. Versteckt sie dann in einer Schachtel oder Plastiktüte, so dass sie immer nur für ein paar Sekunden zu sehen sind. Lasst nebenher ein bisschen Musik spielen, die ein wenig vom Geschehen ablenkt. Teilt jetzt jedem ein Stück Papier und einen Stift aus und bittet die Teilnehmer, alle zehn Objekte aus ihrer Erinnerung aufzuschreiben.

WEISST DU NOCH?

Rückblick auf die letzte Einheit: Woran erinnert ihr euch? Hat sich Eure Meinung über Jesus geändert? Hat irgendjemand ein Kreuz gebastelt? Gibt es Fragen oder Antworten über Jesus, die sich bei Euch ergeben haben? Bisher ging es um Gott, den Vater und Schöpfer und um Gott, der Mensch geworden ist: Jesus. Ein Gott zum Anfassen. Aber Gott hat auch ein unsichtbare und nicht anfassbare Seite – der Heilige Geist. Um den soll es heute gehen.

WAS DICH BETRIFFT

Wind und Feuer

Jetzt folgt die Auswertung des „Fließbandes". Wer hat sich wie viele Gegenstände gemerkt?

Durch das Fließband sind wir bereits im Thema drin. Erklärt nun die zehn Gegenstände.

Beginnt damit, die Geschichte aus der Apostelgeschichte zu erzählen und haltet jeweils die passenden Gegenstände dazu hoch. Bevor ihr anfangt zu erzählen, erklärt ein wenig das Umfeld der Geschichte:

Jesus war auferstanden und zu Gott zurückgekehrt. Jesus hatten seinen Freunden gesagt, dass sie auf den Heiligen Geist warten sollen. Wahrscheinlich hatten sie keine Ahnung, was sie sich darunter vorstellen sollten! Möglicherweise hatten sie vor dem großen Ereignis Angst. Sie waren entmutigt durch Jesu Tod oder verwirrt durch seine Auferstehung.

Erzählt jetzt die Pfingstgeschichte aus Apostelgeschichte 2,1–13:

- An Pfingsten erschien der Heilige Geist als Wind (Fön) und als Feuerflamme (Kerze)
- Der Heilige Geist hat den wartenden Jünger Kraft gegeben (Batterie, Packung Traubenzucker)
- Durch die Kraft und den Mut vom Heiligen Geist waren sie in der Lage von Jesus zu reden und zwar mit Worten aus vielen verschiedenen Sprachen (Wörterbuch und Mikrofon)
- An einer anderen Stelle in der Bibel wird der Heilige Geist als Taube (Bild) beschrieben, als erfrischendes Wasser (Wasserflasche) und als Freund, der uns tröstet (Teddy)
- Damit bleibt nur noch die Frucht übrig ... (das eigentliche passiert im Stamm / im Baum – Hinweis: zur Frucht kommen wir noch später)

1 Euro

Legt ein 1-Euro-Stück mit der Seite „Zahl" nach oben auf den Tisch. Die Gruppe soll sagen, was sie sieht (Zahl 1, Wort: Euro, europäische Landkarte). Fragt nun die Gruppe, ob das ein ganzes 1-Euro-Stück ist oder nur ein halbes (Gruppe bestätigt: das ist ein Euro). Dreht die Münze um und sammelt wieder Eindrücke. Dieses mal sieht man, je nach Herkunftsland, einen Kopf oder eine Figur und möglicherweise eine Landesbezeichnung, aber keine „1" und keine Landkarte. Stellt wieder die Frage: „Seht ihr ein ganzes Euro-Stück oder nur 50 Cent (die Hälfte)"?

Erklärt, worum es hier geht: Zum einen sehen wir „Zahl" und zum anderen sehen wir „Kopf", aber beides mal sehen wir ein ganzes Euro-Stück, sonst hätten wir uns ja insgesamt 2 Euro angeschaut. Bei Gott ist das ganz ähnlich. Doch Gott hat nicht nur zwei Seiten, sondern sogar drei – er ist der eine Dreieinige Gott.

Eine andere Möglichkeit, den Dreieinigen Gott zu erklären, sind die Aggregatzustände von Wasser. Einfach gefrorenes Wasser in einen Wasserkocher legen: Aus Eis wird Wasser, aus Wasser wird Dampf. Wir sehen drei völlig verschiedene Ausdrucksformen ein und derselben Sache.

Überleitung zu „Jetzt kommst du!": Wenn der Wasserkocher nicht an den „unsichtbaren" Strom angeschlossen ist, geht nichts.

JETZT KOMMST DU!

Unsichtbare Dinge

Bildet Dreier- oder Vierergruppen und gebt jeder Gruppe einen der großen Papierbögen und einen Filzstift. Erklärt den Gedanken, dass es viele Dinge gibt, die zwar selbst unsichtbar sind (Strom zum Beispiel), aber deren Auswirkungen wir ganz deutlich sehen können (z. B. Elektrizität, die einen Fernseher zum Laufen bringt). Gebt den Jugendlichen zwei Minuten, um eine Liste mit so vielen Dingen wie möglich zu machen, die unsichtbar sind, aber sichtbare Auswirkungen haben. Bittet sie danach, ihre Liste der Gruppe vorzustellen. Einige dieser Dinge werden vielleicht auch Liebe, Freundschaft, Wind, Magnetismus, Hitze, Glück, Viren sein.
Macht die Verbindung klar, dass obwohl der Heilige Geist unsichtbar ist, seine Auswirkungen in unserem und dem Leben anderer trotzdem spürbar sind.

JETZT KOMMST DU!

Obstsalat

Reicht den Teller mit aufgeschnittenem Obst herum und esst es, während ihr euch unterhaltet. Fragt die Jugendlichen, was sie an Obst mögen. Ist es gut? Was ist daran gut? Erklärt, dass es in der Bibel eine Liste gibt mit den positiven Eigenschaften, die sich bei uns zeigen, wenn der Heilige Geist in uns arbeitet, so wie Früchte an einem Baum.

Lest gemeinsam Galater 5,22–23:
„Der Geist dagegen bringt als Ertrag: Liebe, Freude und Frieden, Geduld, Güte und Großzügigkeit, Treue, Freundlichkeit und Selbstbeherrschung. Gegen all das hat das Gesetz nichts einzuwenden."

Redet gemeinsam über die 9 Eigenschaften, die in diesem Text genannt werden und beantwortet die Fragen:

- Welche Eigenschaften sind das?
- Was bedeuten die Eigenschaften? Was verstehst du darunter?
- Welche Frucht ist bei dir am offensichtlichsten?
- Von welcher Frucht hättest du gern etwas mehr?

Ordnet die 9 Eigenschaften nach der Frage: „Welche Eigenschaft sehe ich schon an mir" bzw. „Welche Eigenschaft hätte ich gerne mehr" und schreibt sie in eurer Reihenfolge auf! Dazu könnt ihr das Handout auf S. 27 benutzen.
Bittet die Teilnehmer, sich eine Frucht aufzuzeichnen. Schreibt ein Gebet in die Frucht, in dem ihr Gott bittet, euch mehr von der Frucht zu geben, bei der ihr denkt, dass sie euch noch fehlt.

WAS SACHE IST

Der Heilige Geist ist kein Gespenst oder sonst was Unheimliches! Obwohl er unsichtbar ist, ist der Heilige Geist genauso ein Teil von Gott wie Jesus. Der Heilige Geist gibt uns Leben und Ausdauer, er hilft uns und stärkt uns. Der Heilige Geist ist Gottes Gegenwart in uns.
Jesus verspricht: *„Dann werde ich den Vater um etwas bitten. Er wird euch an meiner Stelle einen anderen Beistand geben, einen, der für immer bei euch bleibt." Johannes 14,16*
Wir können den Heiligen Geist kennen lernen und ihn in unser Herz einladen. Dann werden die „Früchte des Geistes" in unserem alltäglichen Leben sichtbar werden.

SPRICH MIT GOTT

Benutzt die „Frucht-Gebete" für euer Gebet und ladet die Jugendlichen ein, das Gebet vorzulesen, das sie aufgeschrieben haben (Wenn sich die Gruppe dabei unwohl fühlt, ihre Gebete laut vorzulesen, könnte man sie auch einsammeln und die Mitarbeiter lesen die Gebete der Gruppe).

Sprecht nun zusammen das Gebet vom Handout:

Lieber Gott, danke für dein Geschenk des Heiligen Geistes.
Komm in mein Leben und schenk mir deine Kraft.
Benutze mich dazu, deine Liebe mit allen zu teilen, denen ich begegne.
Lass in mir die Frucht deines Heiligen Geistes wachsen.
Amen.

WIE ES WEITER GEHT

Achtet in den nächsten Tagen einmal darauf, welche Früchte des Geistes ihr in eurem Alltag umsetzt und welche andere umsetzen. Wenn euch jemand auffällt, der eine der Eigenschaften besonders auffällig umsetzt, sagt es ihr oder ihm. Ein Lob zu hören tut immer gut und hilft dabei, gute Eigenschaften zu stärken.
Lauft mit offenen Augen durch die Welt und achtet auch auf die Dinge, die ihr nicht sehen könnt. Vielleicht denkt ihr mal darüber nach, wie unsere Welt ohne „unsichtbare" Dinge sein würde. Wo in eurem Alltag fallen euch „Auswirkungen" des Heiligen Geistes auf?
Betet euer „Frucht-Gebet". Redet mit Gott in der Gewissheit, dass sein Heiliger Geist bei euch ist.

TIMING

Leg gleich los!	5 Minuten
Weißt du noch?	5 Minuten
Was dich betrifft: Wind und Feuer	10 Minuten
Was dich betrifft: 1 Euro	5 Minuten
Jetzt kommst du! Unsichtbare Dinge	10 Minuten
Jetzt kommst du! Obstsalat	20 Minuten
Was Sache ist	5 Minuten
Sprich mit Gott	5 Minuten
Wie es weitergeht	5 Minuten

GOTTESDIENST 1

GOTTESDIENST „BEGEGNEN“ LUKAS 24,13–17B

Entwickelt von Dieter Braun, Gottfried Heinzmann, Sabine Schnabowitz und Alexander von Wascinski

VORAUSGEHENDE EINHEITEN

1 Gott kennenlernen – 1. Teil: Ist da draußen irgendjemand?
2 Gott kennenlernen – 2. Teil: Das Geheimnis, mit Gott zu leben
3 Gott wird Mensch – Weihnachten
4 Jesus – sein Leben und sein Dienst
5 Jesus – sein Tod und seine Auferstehung
6 Der heilige Geist – Gott ist unsichtbar da

AUFGABE ZUR VORBEREITUNG DES GOTTESDIENSTES

Im Gottesdienst soll jeder Teilnehmer / jede Teilnehmerin drei Bilder von seinen / ihren Alltags-Orten ausgedruckt zur Verfügung haben (Bushaltestelle, Schule, Ausbildungsplatz, Zimmer, Sportplatz, Treffpunkt im Park / Tankstelle, Lidl ...). Die Aufgabe, die Bilder zu fotografieren, sollte rechtzeitig vorher gestellt werden, damit genügend Zeit fürs Fotografieren und Ausdrucken der Bilder bleibt. Vielleicht nutzt ihr eine der folgenden Möglichkeiten für die technische Durchführung:

Möglichkeit a) eine Digitalkamera in der Gruppe herumgeben (mit Plan, wer sie wann bekommt)
Möglichkeit b) Einmalkamera in der Gruppe herumgeben und die Bilder zentral entwickeln
Möglichkeit c) Die Teilnehmenden machen die Fotos mit ihren Handys und schicken sie dann an einem der Treffen per bluetooth auf dein Handy oder einen Laptop
Möglichkeit d) Die Teilnehmenden machen Fotos mit einer eigenen Digitalkamera und schicken sie dir per E-Mail

VORBEREITUNG DES GOTTESDIENSTES

Stationen vorbereiten
Station 1 – Mein Weg im Alltag: Notizzettel, Stifte, doppelseitige Klebepunkte.
Station 2 – Klage- und Fragemauer: Mauersteine besorgen und Mauer aufbauen, Stifte mit gelben und grünen Zetteln
Station 3 – Beten: Teelichter, gestaltete Mitte bzw. Altar mit Kreuz, Gebet aus der Predigt für jeden kopiert
Station 4 – Richtig-wichtig-Buch (Blanko-Buch mit Aufschrift versehen), bunte Stifte

Weiteres Material
- Kopiervorlage von „EMMAUS – DEIN WEG" (befindet sich als Kopiervorlage im Anhang und zum Ausdrucken auf der beiliegenden CD-Rom) für jeden Teilnehmer / jede Teilnehmerin kopieren oder ausdrucken
- Gegenstände, die zu den Fotos passen, plus Rucksack

DURCHFÜHRUNG DES GOTTESDIENSTES

Zielgedanke: Du bist unterwegs in deinem Alltag, mit deiner Geschichte, und Jesus ist dabei.

Teil 1: Anfangen

Lieder und Gebete je nach Gruppe auswählen und den Anfangsteil des Gottesdienstes gestalten.

Einstieg: Du bist unterwegs in deinem Alltag …
- **Überlege dir:** Ich bin auf dem Weg – was bringe ich mit?
- **Dein Weg:** Vorlage „EMMAUS – DEIN WEG", sowie Fotos und doppelseitige Klebepunkte austeilen. Lasst die Teilnehmenden ihre Bilder auf die Rückseite der Vorlage aufkleben.
- **Impuls zum Nachdenken:** Methodisch: Rucksack mit Gegenständen auspacken (Vorher die Bilder anschauen und die Gegenstände den Alltagsorten zuordnen, die die TN fotografiert haben). *Sportplatz:* Sportschuh oder Sportkleidung, *Bushaltestelle:* Busfahrkarte und Kopfhörer, *Schule:* Zeugnis, Hausaufgabenheft, Mäppchen. *Zu Hause:* Kuscheldecke, Kissen, PC-Maus, Fernseher usw.

➔ **Was beschäftigt dich in deinem Alltag?** Welchen Menschen begegnest du? Mit wem hast du „Stress"? Mit wem verstehst du dich gut? Worüber würdest du dich mit einem Freund / einer Freundin unterhalten – „Was sind das für Dinge?" (Brücke zum Bibeltext)

Teil 2: Zur Mitte finden

Lied, das hilft, zur Ruhe zu finden und auf Gott zu hören.

Bibeltext vorlesen: Lukas 24,13–17b
13 Und sieh doch: Am selben Tag waren zwei Jünger unterwegs zu dem Dorf Emmaus.
Es liegt etwa sechzig Stadien von Jerusalem entfernt. 14 Sie unterhielten sich über alles,
was sie in den letzten Tagen erlebt hatten. 15 Dann, während sie noch miteinander re-
deten und hin und her überlegten, kam Jesus selbst dazu und schloss sich ihnen an. 16
Aber es war, als ob ihnen jemand die Augen zuhielt, und sie erkannten ihn nicht. 17 Er
fragte sie: „Worüber seid ihr unterwegs so sehr ins Gespräch vertieft?"

Predigt:
1) Sie sind gegangen
In Jerusalem war es nach der spektakulären Kreuzigung Jesu still geworden. Die stille und fast heimliche Grablegung in das fremde Grab des Joseph von Arimathäa war vorbei. Die Gaffer waren nach Hause gegangen. Die römischen Soldaten hatten ihr Handwerkszeug, das sie für eine Kreuzigung brauchten, weggeräumt. Kaiphas, der Hohepriester bereitete sich auf das Passahfest vor. Pilatus schrieb seinen Bericht nach Rom. Die Jünger und Freunde Jesu hatten sich in einem der Hinterhöfe, vermutlich auf dem heutigen Zionsberg, verkrümelt. Da verlassen zwei Jünger die Stadt. Was hat sie motiviert, ihre Sachen zu packen? Freunde zurückzulassen? Ist ihnen der Boden unter den Füßen zu heiß geworden? Sind sie enttäuscht? Haben sie resigniert? Waren sie sauer auf Gott und auf Jesus?
Man könnte es sich vorstellen. Er, Jesus, dem sie nachgefolgt waren, hatte nicht das gebracht, was sie erwartet hatten. Als sie auf dem Weg von dem Unbekannten gefragt werden, sagen sie: Er hat es nicht gebracht. Wir hofften, dachten, er brächte es. Für sie war Jesus nicht der Bringer.
Ob sie mit den anderen darüber diskutiert haben? Wir wissen es nicht. Sie sind gegangen.

2) Wir sind gegangen
Dass wir jetzt hier in diesem Gottesdienst sitzen, hat eine Vorgeschichte. Ihr hättet

eine Menge Möglichkeiten, irgendwo anders zu sein. Was hätte man heute Abend nicht alles machen können … (Beispiele einfügen).
Doch du hast dich auf den Weg gemacht. Du bist hierher gekommen. Gemeinsam haben wir uns mit dem Emmaus-Kurs auch auf den Weg gemacht. Auf einem Weg gibt es immer wieder Entscheidungssituationen. Weggabelungen.

Ich muss entscheiden.
- Soll ich rechts oder links? Geradeaus oder doch lieber zurück?
- Soll ich mich auf diese Beziehung einlassen – oder besser nicht?
- Könnte das meine Ausbildung oder mein Beruf sein? Welche Kriterien habe ich für meine Entscheidungen?
- Welchen Einflüssen setze ich mein Leben aus?
- Was ist mir wichtig im Leben? Welchen Werten, welcher Religion, welchem Gott öffne ich mich?

Auch wir haben uns mit EMMAUS: dein weg mit gott auf den Weg gemacht. Worum geht es auf diesem Weg?
- Die Fragen, die ich habe, endlich mal stellen?
- Die Zweifel, die ich mit mir herumschleife, mal loswerden?
- Herausfinden, was es mit der christlichen Religion auf sich hat?

Wer einen Weg geht, der wagt etwas. Wege und Wagnis hängen unmittelbar zusammen. Es gibt Menschen, die gehen nur auf Wegen, die sie schon gut kennen und oft gegangen sind. Aber wenn ich keine neuen Wege gehe, erfahre ich auch nichts Neues. Jesus sagt nicht: „Ich zeig dir, wie du den Dreh rauskriegst und den richtigen Weg findest." Jesus sagt: „Ich bin mit dir auf deinem Lebensweg." Manchmal bemerken wir das gar nicht, dass Jesus mit uns mitgeht, ähnlich wie die beiden Jünger auf dem Weg nach Emmaus.

3) Er ist mitgegangen

Zwei Männer sind auf dem Weg von Jerusalem hinunter, durch die Berge nach Emmaus. Ein Einzelreisender schließt sich ihnen an; das ist nichts Ungewöhnliches. Das Gespräch der beiden Jünger bricht nicht ab. Jesus unterbricht nicht, sondern Jesus fädelt sich in das Gespräch und das Leben der beiden ein. Die beiden reden weiter, Jesus geht mit und hört einfach zu.
Er hört, was die beiden beschäftigt, was sie frustriert. Er hört, was sie enttäuscht hat. Und hört auch, wo sie von Gott enttäuscht sind. Er unterbricht sie nicht, sondern geht einfach mit.

Das macht Jesus bis heute so mit Menschen. Er ist in unserem Leben dabei. Er hört zu und interessiert sich für das, was dich beschäftigt. Er will wissen, was dich enttäuscht hat. Du kannst ihm sogar sagen, warum du von Gott und dem Glauben nichts hältst. Das interessiert ihn ganz besonders.

Wenn wir mit diesem Jesus reden, nennen wir das „beten". Wir vertrauen darauf, dass er da ist und zuhört. Dass wir mit ihm reden können wie mit einem Freund.

Jesus,
danke, dass du da bist. Hier bei uns.
Danke, dass du da bist. Hier bei mir. In meinem Leben.
Danke, dass du dich für mich interessierst.
Für meine Enttäuschungen und meinen Frust.
Für meine Fragen und meine Zweifel.
Für mein Leben.
Ich will dir sagen, was mich umtreibt und wo ich deine Hilfe brauche...
Amen.

Lied, das hilft, auf das in der Predigt Gehörte zu antworten

Teil 3: Weitergehen

Übergang zu den Stationen. Die bisherigen Elemente des Gottesdienstes werden in den Stationen aufgenommen.
Erklärt die Stationen. Evtl. ist es hilfreich, jeweils eine kurze schriftliche Anweisung zu den einzelnen Stationen zu legen.

Station 1 – Mein Weg im Alltag:
Hier kannst du die Fragen aufschreiben, die dich in deinem Alltag bewegen. Ehrliche Fragen für dich selber – das liest niemand sonst, das bleibt bei dir. Danach den Zettel falten und aufs Blatt mit den Bildern kleben.

Station 2 – Klage- und Fragemauer:
Auf die Zettel können Fragen geschrieben werden, die in die Mauer gesteckt werden können.
gelbe Zettel: Fragen und Gebetsanliegen, von denen du möchtest, dass sie jemand für dich zu Jesus bringt (dafür betet).
grüne Zettel: Fragen und Gebetsanliegen, die zwischen Gott und dir bleiben sollen.
Die Zettel werden nachher von einem Mitarbeitenden eingesammelt und verbrannt. Es wird sie niemand lesen – versprochen.

Station 3 – Beten:
Wer möchte, kann eine Kerze anzünden, sie in der Mitte unter dem Kreuz aufstellen und dann das Gebet für sich lesen.

Station 4 – Fragen – Zweifel – Gedanken aufschreiben:
Welche Fragen sind dir auf dem Emmaus-Weg gekommen? Schreibe sie in das Buch.

Gemeinsamer Abschluss
Die Teilnehmenden bringen das Blatt mit den Bildern aus dem Alltag mit. Fordert sie auf, sich die Rückseite mit dem „EMMAUS"-Schriftzug anzuschauen. Lasst sie das Blatt auf den Kopf stellen und weist sie darauf hin, wie sich die Schrift verändert. Aus „EMMAUS" wird „MEIN WEG". Es geht darum, eine andere Sichtweise zu gewinnen und zu entdecken: Mein Weg ist wie der Weg nach Emmaus – Jesus ist dabei und interessiert sich für die Dinge, die mich bewegen.

Lied mit Segensbitte

Segen:
Jesus sagt zu dir:
Ich bin bei dir. In deinem Alltag.
Ich interessiere mich für dich. Für dein Leben.
Ich gehe mit dir. Auf deinem Lebensweg.
Amen.

EINHEIT 7

GEBET – UNTER VIER AUGEN MIT GOTT

Bearbeitung: Jörg Kresse

Was ihr braucht:

- Verschiedene Botschaften für das Spiel „Was ist die Botschaft?", kopiert oder ausgedruckt und zerschnitten (Siehe Anhang S. 178 oder beiliegende CD-Rom)
- Evtl. ein Bild oder eine Skulptur mit Händen
- Fotokopien des Vaterunser, in sechs Teile zerschnitten (Siehe Anhang S. 179 oder beiliegende CD-Rom)
- Papier und Stifte
- Kerze und Streichhölzer
- Musik von Taizé o. ä.
- Wenn ihr euch für die Aktion mit den Gebetsperlen entschieden habt: Nylonfaden oder Elastikband, ein Auswahl an Perlen in verschiedenen Formen, Größen und Farben (man kann diese Aktivität auch an anderer Stelle durchführen, siehe dazu Handout S. 30)

UM WAS ES GEHT

Beim Gebet geht es um unsere Kommunikation mit Gott und Gottes Kommunikation mit uns. Man kann auch sagen: Gebet ist ein Gespräch unter vier Augen mit Gott. Wir werden uns bei diesem Treffen vor allem das Vaterunser anschauen, was praktische Herangehensweisen für unser Gebet im Alltag bietet.

LEG GLEICH LOS!

Was ist die Botschaft?
Nimm die Botschaften wie ‚Danke', ‚Bitte', ‚Hilfe!', ‚Ich liebe dich', ‚Du bist cool!', ‚Vergib mir', ‚Triff dich mit mir', ‚Es tut mir Leid', ‚Wie geht's?', ‚Ruf mich an'.

Die Jugendlichen ziehen verdeckt eine Karte und
- stellen die Botschaft pantomimisch dar, oder
- versuchen die Botschaft als Bild zu zeichnen (wie ein Bilderrätsel / Montagsmaler).

WEISST DU NOCH?

Redet über die vergangene Einheit. Habt ihr den Heiligen Geist irgendwo am Werk gesehen? Sind euch Menschen aufgefallen, die die Früchte des Geistes ausleben? An wie viele Früchte könnt ihr euch noch erinnern?

Bei der „Leg gleich los"-Übung ging es eben darum, Botschaften zu senden, zu empfangen und zu verstehen – also um Kommunikation. Bei dem heutigen Thema geht es um Kommunikation (reden und hören) mit Gott. Das nennen wir Beten.

Bittet die Jugendlichen, der Gruppe zu erzählen:
- ob sie beten
- wann sie beten
- wo sie beten
- und den merkwürdigsten Ort, wo sie jemals gebetet haben!

Wenn die Gruppe zu groß ist, können auch Kleingruppen gebildet werden – weist darauf hin, dass es völlig in Ordnung ist, überall zu beten!

Tipp: Wenn ihr den Gottesdienst gemeinsam gefeiert habt, dann könntet ihr jetzt eine kurze Feedbackrunde dazu machen.

JETZT KOMMST DU!

Das Vaterunser
Als die Leute Jesus fragten wie sie beten sollen, hat er ihnen das Vaterunser beigebracht (Lukas 11,1–4; Matthäus 6,9–13).

Fotokopiert das Vaterunser und zerschneidet es in 6 Teile
(1.: Unser Vater … dein Name / 2.: dein Reich … auf Erden / 3.: Unser tägliches … uns heute / 4.: Und vergib … unseren Schuldigern / 5.: Und führe … dem Bösen / 6.: Denn dein … Amen.)

Legt die Textpassagen in einen Korb und lasst die Teilnehmer einen Teil ziehen (einzeln oder mit Partner). Jede/r soll jetzt darüber nachdenken, was ihre/seine Passage wohl zu bedeuten hat und es mit eigenen Worten auf ein anderes Stück Papier schreiben.
Bringt dann die Gruppe wieder zusammen und lest das Vaterunser vor, danach die Interpretation der Gruppe davon, Zeile um Zeile.
Wenn ihr wollt, könnt ihr die Jugendlichen auf die 5 Vs des Vaterunsers aufmerksam machen (siehe Handout S. 29):

Vater
Wir reden Gott als Vater an und machen deutlich, dass er groß und heilig ist.

Verändern
Wir bitten Gott, uns auf sein Reich, auf seine Werte und auf seinen Willen umzustellen.

Versorgen
Wir bitten Gott, uns Essen zu geben und alles was wir brauchen, um zu wachsen.

Vergeben
Wir bitten Gott, uns zu vergeben und uns zu helfen, anderen zu vergeben.

Verschonen
Wir bitten Gott, uns von den Versuchungen frei zu machen, die uns einwickeln, und vom Bösen in der Welt und in uns.

WAS DICH BETRIFFT

Bittet die Gruppe, sich ihre Hände anzusehen (oder auch ein Bild oder eine Skulptur mit Händen).
Fragt sie, ob sie bei anderen Menschen schon mal beobachtet haben, wie sie ihre Hände beim Beten benutzt haben (Das könnten Haltungen sein wie: Hände falten, hochheben, mit Handflächen nach oben auf den Schoß legen oder frei oder mit ihnen etwas halten wie einen Rosenkranz oder ein Kreuz).

Probiert nun verschiedene Gebetshaltungen aus (wenn dieses mit der Gruppe nicht machbar ist, macht der Leiter die Haltungen einfach vor).

Warum welche Gebetshaltung:

- Hände falten: unterlegener Feldherr kniet mit gebundenen Händen vor seinem neuen Herrn; oder konzentrierte Haltung: die Hände können nichts anderes tun
- Lang ausgestreckt hinlegen und Arme zu den Seiten ausstrecken: Haltung von David oder Mose; Zeichen der totalen Unterlegenheit und Ergebung
- Arme noch oben ausgestreckt: sich öffnen für Gott (für das, was von oben kommt)
- Hände offen halten: Bettelhaltung, Bereitschaft zum Empfangen
- Im Kreis gegenseitig die Hände halten: Zeichen für das „gemeinsame" Gebet

Fragt die Jugendlichen, wie man „richtig" betet. Teilnehmer antworten lassen.
Sprecht dann darüber, dass man mit dem Herzen richtig betet und dass äußerliche Haltungen nur helfende Formen sind.
Das Herz steht in der Bibel für die Mitte unseres Lebens. Gott sieht das Herz an und nicht unsere Äußerlichkeiten (1. Samuel 16,7).

Bringt den Jugendlichen nun eine der beiden folgenden Gebetsübungen bei.

A) BETENDE HÄNDE

Erklärt den Jugendlichen, dass einem die 5 Finger an der Hand beim Beten helfen können. Jeder Finger der Hand hat eine eigene Bedeutung:

Daumen (hoch)
Danke Gott für etwas Gutes

Zeigefinger (ausgestreckt)
Bitte Gott dich zu leiten und dir den Weg zu zeigen

Mittelfinger
Betet für die Starken und Mächtigen (z. B. Regierung, Leiter/innen, Direktoren). Zeigt dabei nicht den einzeln ausgestreckten Mittelfinger, sondern die ganze Hand, die der Mittelfinger durch seine Länge und Position dominiert

Ringfinger
Bete für jemand, den du lieb hast

Kleiner Finger
Bete für die Schwachen (kranke, einsame, traurige oder obdachlose Personen)

B) GEBETSPERLEN
Erklärt, dass es helfen kann sich beim Gebet zu konzentrieren, wenn man dabei etwas in der Hand hält. Stellt den Jugendlichen eine Auswahl an Perlen zur Verfügung und eine paar elastische Fäden (oder Nylonfäden). Die Jugendlichen soll sich nun fünf Perlen aussuchen, die ihr oder ihm gefallen und sich dann überlegen, welche der Perlen am besten die folgende Sache oder Person repräsentiert, für die gebetet werden soll:

- ein Familienmitglied
- einen Freund, eine Freundin
- einen Ort oder ein Land aus den Nachrichten
- ein Problem oder eine Schwierigkeit in deinem Leben
- jemand der krank oder unglücklich ist

Jetzt können sich die Jugendlichen die Perlen auf einen Faden aufziehen und beim Beten am Handgelenk tragen oder in der Hand halten. Bittet die Jugendlichen auf ihrem Handout (S. 31) aufzuschreiben, für wen und für was sie beten wollen.

SPRICH MIT GOTT

Bis jetzt haben wir über das Beten gesprochen, nun wollen wir es ganz praktisch tun. Zündet eine Kerze an (oder mehrere) und bittet die Gruppe still zu werden. Vielleicht mögen sie sich auch an den Händen halten und / oder ihr 5-Finger-Gebet (bzw. ihre Gebetsperlen) benutzen, während sie leise und für sich beten (Dazu könnte man ruhige Musik abspielen, z. B. von Taizé, um die Gedanken zu fokussieren).

UM WAS ES GEHT

Gebet ist ein natürlicher Teil des Lebens, den wir in unseren Alltag einbauen können. Wir können mit Gott in unserer normalen, einfachen Sprache über die Dinge reden, die uns Sorgen machen. Wir können ihn einladen, in unserem Leben dabei zu sein, bei unseren Entscheidungen und Beziehungen, die uns im Laufe des Tages begegnen. Wir können ihn um Sachen bitten, ihm für Sachen danken oder einfach nur reden. Und wir können auch ganz still in seiner Gegenwart sitzen.

WIE ES WEITER GEHT

Ermutigt die Gruppe darüber nachzudenken, wofür sie in der nächsten Woche beten werden oder wie und wann sie es tun werden. Schlagt ihnen vor, dafür ihre 5-Finger-Gebete (bzw. Gebetsperlen) zu benutzen.
Bittet die Jugendlichen, dass sie für die nächste Einheit eine Bibel mitbringen (wenn sie eine haben).

TIMING

Leg gleich los!	10 Minuten
Weißt du noch?	5 Minuten
Jetzt kommst du: Das Vaterunser	10 Minuten
Was dich betrifft: Betende Hände/Gebetsperlen	15–20 Minuten
Sprich mit Gott	5–10 Minuten
Wie es weitergeht	5 Minuten

EINHEIT 8

DIE BIBEL – DER WELTBESTSELLER

Bearbeitung: Klaus Göttler

Was ihr braucht:

- eine Auswahl verschiedener Bücher (z. B. Kochbuch, Märchenbuch, Gedichtband, Roman, Hochglanzmagazin, Biographie, Lexikon, usw.). Je nach dem, ob ihr die Aktion in der großen Gruppe oder in Kleingruppen durchführt, braucht ihr ein oder mehrere Exemplare von jeder Buchart
- die größte Bibel, die ihr finden könnt, und auch die kleinste!
- zehn Ereignis-Karten (kopiert und zerschnitten, die Kopiervorlage findet ihr im Anhang auf S. 180 und auf der CD-Rom)
- eine Landkarte, eine Gebrauchsanweisung, ein Bild von Jesus, eine Zeitung, einen Brief, einen Stift, ein Handy oder Navigationsgerät und eine Laterne oder Glühbirne
- zehn Bibelverse (kopiert und in Streifen geschnitten, Vorlage im Anhang auf S. 181–182 und auf der CD-Rom)
- moderne Bibelübersetzungen zum Anschauen und Ausleihen oder Verschenken (z. B. Volxbibel, BasisBibel etc.)
- dem Alter angemessene Bibelkommentare oder Nachschlagewerke zum Anschauen, Ausleihen und/oder Verschenken

UM WAS ES GEHT

Die Bibel ist eine große Sammlung von Büchern, die über viele hundert Jahre hinweg von vielen verschiedenen Autoren aus verschiedenen Epochen und Ländern aufgeschrieben wurden. Sie erzählt die Geschichte von Gott und vor allem die Geschichte von Jesus. Gott hat dafür gesorgt, dass sie aufgeschrieben wird und er möchte, dass wir sie lesen.

Tipp: Wenn die Gruppe die gleiche Bibelausgabe benutzt, sagt zu den Stellen die Seitenangaben an.

LEG GLEICH LOS!

Wie's im Buche steht

Gebt der Gruppe eine Auswahl Bücher – Kochbücher, Gedichtbände, Lexika, Romane, eine Bibel usw. und bittet sie, wie ein Bibliothekar die Bücher in eine bestimmte Ordnung zu bringen. Sie können dafür ihr eigenes System verwenden (z. B. alphabetisch, thematisch, nach der Länge des Autorennamens, nach der Farbe des Buchdeckels usw.). Bittet die Gruppe dann zu erzählen, nach welchen Kriterien sie die Bücher geordnet haben und warum. Wo haben sie die Bibel einsortiert? Warum?
Wenn in der Gruppe keinem mögliche Kriterien einfallen, kann die Leitung ein Kriterium vorschlagen (z. B. Wichtigkeit für mich, Attraktivität, ...).

Tipp: Wenn die Gruppe zu groß ist, kann sie auch in kleinere Gruppen aufgeteilt werden. Es müssen dann jedoch für jede Gruppe genügend Bücher vorhanden sein.

WEISST DU NOCH?

Nehmt Bezug auf die letzte Woche. Hat jemand aus der Gruppe seine/ihre Gebetsperlen benutzt? Oder eine neue Art und Weise des Betens ausprobiert?
Erklärt, dass es beim letzten Thema um die Dinge ging, die wir zu Gott sagen. Jetzt soll es darum gehen wie Gott auch heute zu uns spricht, durch die Bibel.

JETZT KOMMST DU!

Worum geht es eigentlich?

Zeigt der Gruppe eine Bibel – die größte, die ihr finden könnt (und vielleicht auch eine ganz kleine).

Erklärt, dass die Bibel gar nicht ein Buch ist, sondern eine Sammlung von Büchern, wie eine Bücherei. Es enthält ganz verschiedene Arten von Büchern: Erzählungen, Geschichtsberichte, Augenzeugenberichte, Gesetzesbücher und Gedichte.

Die Bibel ist aufgeteilt in zwei Hauptteile:

- das Alte Testament (AT) – in dem die Geschichte Gottes mit seinem Volk Israel bis zur Zeit kurz vor der Geburt Jesu erzählt wird
- das Neue Testament (NT) – in dem die Geschichte von Jesus und den ersten christlichen Gemeinden erzählt wird

Teilt die zehn Ereignis-Karten aus. Welches Ereignis findet im Alten, welches im Neuen Testament statt? Bittet die Teilnehmer die Karten in zwei Kategorien zu sortieren: Altes und Neues Testament.

Die Schöpfung der Erde

Mose und die Zehn Gebote

Der Brief des Paulus an die Römer

Jona und der Wal

Speisung der 5.000

Noahs Arche

Jesus stirbt am Kreuz

Das Kommen des Heiligen Geistes

Die Geburt Jesu

Josef und sein prächtiges Gewand

Erzählt jetzt die Geschichte der Bibel (so knapp und verständlich wie es geht) und benutzt die Gegenstände als Anschauungsmaterial. Dieser Teil kann auch mit der Gruppe zusammen erarbeitet werden.

- Das AT ist wie eine Landkarte (Landkarte), die uns den Weg Gottes mit den Menschen beschreibt und uns zeigt, wie wir gut leben und Frieden mit Gott finden können. Sie wurde über einen Zeitraum von 1.000 Jahren geschrieben.
- Das AT ist wie eine Gebrauchsanweisung (Gebrauchsanweisung), die uns hilft, unser Leben zu gestalten.
- Das Neue Testament ist ein Bild (Bild von Jesus). Das NT stellt uns Jesus vor und zeigt uns, wie er das Leben von Menschen verändert.
- Das NT enthält Berichte von dem, was Jesus getan und gesagt hat (Zeitung): Matthäus, Markus, Lukas, Johannes und die Apostelgeschichte – sie wurden innerhalb weniger Jahrzehnte nach Jesu Tod aufgeschrieben.
- Außerdem enthält das NT noch Briefe (Brief), vor allem von Paulus, die den Christen helfen, im Glauben zu wachsen.

- Gott hat dafür gesorgt, dass die Bibel von Menschen aufgeschrieben wurde (Stift). Durch die Bibel macht Gott seine Absichten und seinen Charakter deutlich.
- Gott redet auch noch heute zu uns durch die Bibel. So wie er damals bei den Menschen war, die die Texte aufgeschrieben haben, so ist er heute bei uns, wenn wir diese Texte lesen (Handy oder Navigationsgerät).

„Dazu ist jede Schrift nützlich, die sich dem Wirken von Gottes Geist verdankt. Sie hilft dabei, recht zu lehren, die Irrenden zurechtzuweisen und zu bessern. Und ebenso dazu, die Menschen zur Gerechtigkeit zu erziehen." (2. Timotheus 3,16)

- Die Bibel ist wie eine Laterne (Laterne oder Glühbirne). Sie bringt Licht und Klarheit in unser Leben und leitet uns auf unserer Reise.

„Dein Wort ist eine Leuchte für mein Leben, es gibt mir Licht für jeden nächsten Schritt." (Psalm 119,105)

WAS DICH BETRIFFT

Beststeller
Bildet zwei Gruppen. Gebt beiden Gruppe die Aufgabe, sich eine Fernsehwerbung auszudenken, die andere davon überzeugen soll, entweder eine Bibel zu kaufen oder sie zu lesen (oder beides!). Dabei sollen sie bedenken:

- Was sind die besonderen Merkmale der Bibel, die man erwähnen würde, um sie zu verkaufen?
- Welchen Werbespruch oder welches unverwechselbare Zeichen gibt es?

Dann sollen beide Gruppen der anderen ihre Werbung präsentieren. Wenn ihr genügend Zeit und eine Digitalkamera habt, könnt ihr die Werbung auch aufnehmen und dann gemeinsam anschauen.

JETZT KOMMST DU!

Gratis-Probe
Verteilt verschiedene Bibelverse (z. B. aus der Anlage S.181–182, auch andere Bibelverskarten können verwendet werden) auf dem Boden.
Ladet die jungen Leute ein, zwischen den Streifen hindurch zu wandern, die Verse zu lesen und sich den auszusuchen, der ihnen am besten gefällt oder der sie am meisten „anspricht". Diesen Vers sollen sie dann in das Feld auf ihrem Handout schreiben (Handout S. 35).
Falls ihr vorhabt, den Jugendlichen Bibeln zu schenken, wäre dies natürlich ein guter Moment. Achtet aber bitte darauf, dass sie nicht als billige Werbe- und Wegwerfartikel aufgefasst und entsprechend nachlässig behandelt werden. Es kann auch sinnvoll sein, Bibeln preiswert zu verkaufen oder zu verleihen, um den persönlichen Wert des Verleihenden deutlich zu machen.
Wenn ihr den Teilnehmenden eine Bibel schenkt, dann schreibt doch einen kurzen Gruß und das Datum vorne in die Bibel. Damit wird sie zur persönlichen Bibel der Teilnehmenden.

SPRICH MIT GOTT

Ladet die Jugendliche ein, ihre/seine Bibelstelle in der Bibel aufzuschlagen. Anschließend lesen alle ihren Vers vor.

Erzählt den Teilnehmenden, dass es in vielen Gottesdiensten üblich ist, auf die Bibellesung zu antworten (Lest sie jetzt noch einmal und hängt dann die liturgische Formel an):
Worte des lebendigen Gottes.

Die Gemeinde antwortet dann (Ladet die Gruppe ein, darauf zu antworten):
Dank sei Gott.

Das ist ein Zeichen dafür, dass wir dem lebendigen Gott begegnen, wenn wir die Bibel lesen.

WAS SACHE IST

Die Bibel ist weltweit der größte Bestseller. Sie wurde in mehr Sprachen übersetzt als jedes andere Buch in der Geschichte. Die Lehre der Bibel über Gott und das menschliche Leben hat unsere Kultur in den letzten Jahrtausenden mehr geprägt als jedes andere Buch. Bibel zu lesen ist ein echtes Abenteuer.

WIE ES WEITER GEHT

Überlegt als ganze Gruppe Anliegen, für die ihr beten, über die ihr nachdenken und die ihr umsetzen wollt. Betet vor allem dafür, dass ihr in der Bibel lest!
Weist sie auf die sieben praktischen Tipps auf dem Handout unter „Was du tun kannst" hin (Handout S. 35–36). Zeigt ihnen auch ein paar Bibellesehilfen oder Kommentare. Z. B. Start in den Tag, pur, Klartext oder Lichtstrahlen.

TIMING

Leg gleich los!	15 Minuten
Weißt du noch?	5 Minuten
Jetzt kommst du!: Warum geht es eigentlich?	10 Minuten
Was dich betrifft: Bestseller	15 Minuten
Jetzt kommst du!: Gratis-Probe	15 Minuten
Sprich mit Gott	10 Minuten
Was Sache ist / Wie es weitergeht	5 Minuten

EINHEIT 9

KIRCHE – WAS FÜR EIN TOLLER KÖRPER!

Bearbeitung: Tobi Becker

Was ihr braucht:

- Für das Leg gleich los! je nach Spielidee:
  Variante 1: Fütter-Fest-Spiel: Augenbinden, Kittel (oder alte T-Shirts), Löffel, Schalen mit Frühstücksflocken oder Nutellabrote (immer eine Ausstattung für drei Leute)
  Variante 2: Jenga-Spiel oder Bauklötze
  Variante 3: Ein Apfel für das „Nerven-Aktion"-Spiel und den dazugehörigen Text (Anhang S. 183–185 oder beiliegende CD-Rom)
- Für je zwei Teilnehmende ein Begriff-Set aus 10 Kärtchen.
  Die Kopiervorlage dazu findest du im Anhang auf S. 186 und auf der CD-Rom
- Für Was dich betrifft! je nach Version:
  Variante 1: Große Papierbögen und Filzstifte oder Buntstifte
  Variante 2: Wäscheleine, Klammern, Körperteile selber malen/drucken
- Wenn ihr wollt: selbstgebackene Plätzchen, die in der Form von Körperteilen gebacken sind

UM WAS ES GEHT

Bei dieser Einheit geht es nicht um das Kirchengebäude, sondern um den Grund, aus dem sich Christen dort treffen. Die Menschen, die sich regelmäßig versammeln, nennen wir Gemeinde.

Als Nachfolger von Jesus sollen wir nicht alles „alleine durchziehen". Wir wollen entdecken, dass wir als Christen zusammen gehören, uns ergänzen, gegenseitig brauchen und dass dadurch diese Welt verändert wird.

Wir werden das biblische Bild vom „Leib Christi" kennenlernen, das davon spricht, dass jede Christin und jeder Christ ein Teil dieses (weltweiten) Körpers ist.

LEG GLEICH LOS!

Sucht euch für den Start eine der folgenden Aktivitäten aus.

Variante 1:

FÜTTER-FEST (lustig, chaotisch)

Die Teilnehmenden werden in Dreier-Gruppen aufgeteilt. Person 1 bekommt eine Augenbinde und zieht einen Kittel/Jacke verkehrt herum an und behält die Arme hinter dem Rücken. Person 2 setzt sich hinter Person 1 und steckt die Arme durch die Ärmel des Kittels. Person 3 gibt den beiden Anweisungen. Ziel ist es, dass alle Frühstückssachen aufgegessen werden.

Es soll deutlich werden, dass die Bewegungsabläufe normalerweise wie selbstverständlich ablaufen, weil unser Körper gut funktioniert.

Variante 2:

JENGA (Geschicklichkeitsspiel)

Baut mit Jenga-Steinen ein Turm.

Resümee: Genau wie die Steine, brauchen auch wir die Unterstützung der anderen.

Variante 3:

NERVEN-AKTION (Apfelessenspiel mit witziger Aktion und viel Bewegung)

Bildet immer Zweier-Teams. Jedes Team besteht aus einem Körperteil und hat jeweils einen Nerv: Auge, Mund, Hand, Beine (ist beliebig erweiterbar), Gehirn (kann auch mehrere Nerven haben – je nach Gruppengröße).

Die „Körperteile" setzen sich auf Stühle in einen großen Kreis, ihre jeweiligen Nerven stehen neben ihnen. In der Mitte des Kreises sitzt das Gehirn (wenn möglich auf einem Drehstuhl), der Nerv oder die Nerven des Gehirns stehen daneben.

Die Leiterin oder der Leiter liest den Text vor und die Teams müssen die Bewegungen ausführen (Text im Anhang S. 183–185). D.h. die „Nerven" bewegen sich immer zu den jeweiligen Ansprechpartnern hin.

Falls der Text nicht genügend „Körperteile" enthält, sodass alle Teilnehmenden eingebunden sind, können noch weitere dazu erfunden werden, wie z. B. Nase, Kiefer etc.

WEISST DU NOCH?

Wie ist es euch mit dem Bibellesen gegangen? Erzählt euch, wie es war.

Erklärt, dass es heute um die Kirche geht, aber nicht um das Gebäude. Deshalb sprechen wir auch eher von Gemeinde. Wir denken darüber nach, weshalb es die Gemeinde gibt, was man dort erleben kann und welche Rolle wir in ihr spielen können.

JETZT KOMMST DU!

Worauf kommt es an?
In der Gemeinde treffen sich Menschen, die mit Jesus leben möchten. Gemeinsam reden, beten, hören und singen sie. Darüber hinaus gibt es noch viele Aktionen, mit denen Gemeinden versuchen, anderen zu helfen.

Bei der nächsten Aktion geht es darum, dass die Teilnehmenden sich überlegen sollen, welche der folgenden Begriffe sie für wichtig und welche für nicht so wichtig halten.

Jedes Zweier-Team bekommt ein Begriffe-Set. Legt die Begriffe so auf den Boden, dass sich eine Reihenfolge nach der Wichtigkeit ergibt. Begriffe dürfen auch so gelegt werden, dass es deutlich wird, wenn sie genauso wichtig sind. Jedes Team soll erklären, warum sie die Begriffe so gelegt haben (nicht werten!).

Beten	**Anbetung und singen**	**Essen**	**Bibel lesen**
Entspannen	**Lernen**	**Gott begegnen**	**Freunde finden**
Einander helfen	**Abendmahl feiern**		

Reflektiert eure Erfahrungen mit Gemeinde und den Begriffen? Habt ihr gute oder schlechte Erfahrungen damit gemacht?

Gemeinde ist Gottes Idee. Schon die ersten Christen in Jerusalem vor 2000 Jahren trafen sich, um miteinander ihren Glauben zu leben.

„Alle Glaubenden hielten zusammen und verfügten gemeinsam über ihren Besitz. Immer wieder verkauften sie Grundstücke oder sonstiges Eigentum. Sie verteilten den Erlös an alle Bedürftigen – je nachdem, wie viel jemand brauchte. Tag für Tag versammelten sie sich als Gemeinschaft im Tempel. In den Häusern hielten sie die Feier des Brotbrechens und teilten das Mahl voll Freude und in aufrichtiger Herzlichkeit. Sie lobten Gott und waren beim ganzen Volk beliebt. Der Herr ließ täglich weitere Menschen zur Gemeinde hinzukommen, die gerettet werden sollten." (Apostelgeschichte 2,44–47)

Was interessant ist: Die Form mag sich verändert haben. Aber im Eigentlichen laufen in der Gemeinde normalerweise immer noch ähnliche Dinge wie am Anfang der Kirche. Versucht, eine Verbindung zwischen Begriffen auf dem Boden und dem Bibeltext herzustellen.

WAS DICH BETRIFFT

Körperteile
(Während dieser Aktivität könnte man die Körperteile-Plätzchen essen)
Wir gehen einen Schritt weiter. Wir haben gesehen: In der Gemeinde treffen sich Christen. Aber sie treffen sich nicht nur, um sich eben zu treffen, sondern...

- Sie wollen sich gegenseitig helfen, Gott immer besser kennenzulernen.
- Sie feiern inspirierende Gottesdienste, die ihnen und Gott Freude machen
- Sie sind begeistert von Gottes Liebe, erzählen anderen Menschen davon und tun Gutes für andere

Dies gelingt besser, wenn sich alle mit ihren Begabungen einbringen und sich ergänzen.

In der Bibel wird das mit dem Bild vom „Leib Christi" verdeutlicht.
„Es ist wie bei unserem Körper: Der eine Leib besteht aus vielen Körperteilen, aber nicht alle Teile haben dieselbe Aufgabe. Genauso bilden wir vielen Menschen, die zu Christus

gehören, miteinander einen Leib. Aber einzeln betrachtet sind wir wie unterschiedliche und doch zusammengehörende Körperteile. Wir haben verschiedene Gaben, je nachdem, was Gott uns in seiner Gnade geschenkt hat." (Römer 12,4–6a)

Weil wir Jesus immer besser kennenlernen und mit ihm verbunden sind, sind folgende Punkte selbstverständlich:

- Wer zu einer Gemeinde gehört, ist automatisch Teil dieses Körpers, eines lebendigen, organischen, wachsenden Körpers
- Alle Christen sind begabt und haben Talente, die sie auch einsetzen sollen
- Christen sind der Körper Jesu auf dieser Erde. Durch uns sollen andere Menschen Gott selber erkennen

Ergebnis: Klar, wenn das passieren soll, braucht die Gemeinde die Mithilfe jeder Christin und jedes Christen.

JETZT KOMMST DU!

Welcher Teil bin ich
Mit der nächsten Aufgabe überlegen wir, wo sich jeder persönlich einbringen könnte.

Hängt die verschiedenen Körperteile, die ihr vorher auf bunte Blätter kopiert habt, auf eine Wäscheleine. Die Teilnehmenden sollen nun ein Körperteil auswählen, mit dem sie sich identifizieren können.
Sprecht darüber, warum sie dieses Körperteil gewählt haben und wo sie etwas zur Gemeinde/Gemeinschaft beitragen können.
Ermutigt sie dazu, diese Fähigkeiten und Gaben wie ein Körperteil zu sehen. Zum Beispiel die Hand (jemand der gut darin ist, Dinge zu basteln und gestalten), Gehirn (jemand der gute, kreative Ideen hat), Auge (jemand, der sieht, wenn es jemand anderem schlecht geht und er Hilfe braucht), Mund (jemand, der gut reden oder singen kann), Herz (jemand, der sehr liebevoll ist), Fuß (jemand, der immer schnell wegrennt, wenn es was zu tun gibt)...

Ihr könnt die Teilnehmenden die Körperteile auch selber malen lassen. Im Handout ist dafür auf S. 39 Platz. Überlegt aber bitte vorher, ob das bei deiner Gruppe funktionieren wird. Natürlich werden alle an ganz bestimmte Körperteile denken. Das ist nicht schlimm, doch die Frage ist, ob sie trotzdem ernst weiterdenken können.

SPRICH MIT GOTT

Nehmt die gemalten Körperteile in die Hand, setzt euch in einen Kreis und sagt in die Gruppe hinein: „Die Gemeinde ist der Leib Christi".
Dann hält jeder nacheinander sein Körperteil hoch und sagt: „Das ist ein *xxx*, ich möchte mein *xxx* einsetzen".
Sprecht am Ende ein Gebet zusammen, z. B. den Friedensgruß: Alle stellen sich im Kreis auf. Immer nach rechts wird gesagt: „Der Friede Christi sei mit dir." Und die Antwort nach links lautet: „Und auch mit dir."

WAS SACHE IST

Die Gemeinde ist wie ein Körper. Durch die vielen unterschiedlichen Begabungen kann eine Gemeinde funktionieren und handeln. Alle Christinnen und Christen sind somit Teil des Körpers Jesu (Leib Christi) in dieser Welt. So handelt Jesus durch uns Menschen hindurch.
Dabei ist die Gemeinde wie eine Familie. Wie alle Familien ist sie weit davon entfernt, perfekt zu sein. Deshalb müssen wir an ihr arbeiten. Wir alle sind dabei wichtig.

WIE ES WEITER GEHT

Mach der Gruppe Mut, sich zu überlegen, wie jede und jeder ihre oder seine Begabungen einsetzen kann. Bleib mit ihnen im Gespräch.

Leg gleich los!	15 Minuten	
Weißt du noch?	5 Minuten	
Jetzt kommst du! Worauf kommt es an?	15 Minuten	
Was dich betrifft: Körperteile	10 Minuten	
Jetzt kommst du! Welcher Teil bin ich?	10 Minuten	
Sprich mit Gott	5 Minuten	
Was Sache ist / Wie es weitergeht	5 Minuten	TIMING

EINHEIT 10

CHRIST WERDEN – EINE ENTSCHEIDUNG, DIE DEIN LEBEN VERÄNDERT

Bearbeitung: Claus Hassing

Was ihr braucht:

- Eine Tüte Gummibärchen oder eine Münze oder zehn verschiedenfarbige Briefumschläge mit einem Gutschein und einem Hauptgewinn (abhängig davon, für welche „Leg gleich los!"-Aktivität ihr euch entscheidet)
- Pappe, die in Fischform geschnitten wurde (für jede/n eins) und ein Netz (optional)
- Stifte
- Zachäus-Sprechblasen-Bild (Findest du im Handout auf S. 42 oder auf der CD-Rom)
- Biographien (Findest du im Handout auf S. 43–45)
- Lebenswende-Gebet (Findest du im Handout auf S. 46)
- Bunte Bänder für die „Festmach-Aktion"
- den Text oder die CD für das Lied

UM WAS ES GEHT

Heute geht es um Entscheidungen. Wir müssen uns jeden Tag entscheiden. Da geht es um wichtige und weniger wichtige Dinge. Bei manchen Entscheidungen wissen wir vorher nicht, was am Ende dabei herauskommt. Jesus möchte uns Mut machen, auch beim Glauben eine Entscheidung zu treffen. Er lädt uns ein, ihm zu vertrauen, dass er es gut mit uns meint. Im Johannesevangelium Kapitel 14, Vers 6 sagt Jesus, dass er der einzig sinnvolle Weg zum Leben ist. Es geht also heute um die Frage: „Wie werde ich Christ?"

Wir können frei entscheiden, ob wir das wollen oder nicht. Wenn wir uns dafür entscheiden, Jesus zu vertrauen, hat das Auswirkungen. Diese wirken sich auf unser ganzes Leben aus und darauf, wie wir uns als Person entwickeln.

LEG GLEICH LOS!

Spielt ein oder zwei der folgenden Spiele als Einstieg. Die Aussage, um die es in den Spielen geht: Wer sich richtig entscheidet gewinnt!

Kopf oder Zahl
Jede/r aus der Gruppe steht auf und entscheidet sich für Kopf (Hände auf den Kopf) oder Zahl (Hände auf den Po). Dann wird eine Münze geworfen. Wenn sie den Kopf zeigt, bleiben alle stehen, die ihre Hände auf dem Kopf haben. Alle anderen sind draußen und setzen sich hin (genauso bei Zahl = Po). Spielt solange, bis nur noch eine/r übrig ist (Als Preis gibt es die Münze!).

Lebendiger Gummibär
Auf einem Tisch in der Mitte liegen 10–15 verschiedenfarbige Gummibärchen. Aus der Gruppe wird eine Person ausgewählt, die den Raum verlässt. Die Gruppe einigt sich auf einen Gummibär, der lebendig ist. Die Person von draußen wird reingeholt und darf sich von den Gummibärchen einen nach dem anderen nehmen. Wenn der „lebendige Gummibär" erwischt wird, ist das Spiel vorbei! (die gesammelten Gummibärchen dürfen behalten und gegessen werden). Das Spiel kann mit verschiedenen Personen wiederholt werden.

Die beste Wahl
Ihr sucht euch einen attraktiven Hauptgewinn, um den es heute geht. Ihr habt zehn verschiedenfarbige verschlossene Umschläge. Einer davon ist mit einem Gutschein über den Hauptgewinn gefüllt, neun mit „Nieten". Alle zehn Umschläge werden der Gruppe angeboten: Einen müssen sie auswählen. Der Gruppe kann für die Wahl eines bestimmten Umschlags auch ein Bonus angeboten werden. Die Bonusleistung kann auch auf verschiedene Umschläge verteilt werden.
Beispiel: „Wenn ihr den roten Umschlag nehmt, packe ich eine Packung Gummibärchen drauf!" Oder: „Wenn ihr den blauen Umschlag nehmt, gebe ich euch Gummibärchen und eine Tüte Chips."
Verhaltet euch immer etwas geheimnisvoll. Versucht die Gruppe häufiger von ihrer Wahl abzubringen und macht ihnen den Wechsel lohnenswert.

Wenn es eure Gruppe zulässt, könnt ihr die Teilnehmenden auch folgendes kurze Anspiel spielen lassen:

Jetzt wird's eng ...
Auf der Hinfahrt einer Klassenfahrt wird im Bus heiß über den Lieblingsfußballclub diskutiert. Die Sympathien sind klar verteilt. Vor allem aber ist klar: ein Verein wird von allen abgelehnt! Genau für diesen einen Verein schwärmt aber eine Person aus der Gruppe. Und: Seine Bettwäsche (mit der er in der Herberge sein Bett beziehen muss) ist in den Vereinsfarben mit Emblem! Wie geht er mit dieser Situation um?
Aussage: Ich kann zu dem stehen, wofür ich mich entschieden habe!

WEISST DU NOCH?

Erklärt, dass es in den letzten neun Treffen um Sachen ging, die Christen glauben (Vielleicht ist heute ein guter Zeitpunkt, um als Gruppe darüber zu reden, wie sich jede/r einzelne bis jetzt im Kurs gefühlt hat).
Bei diesem zehnten Treffen soll es die Möglichkeit geben, zu entscheiden, was sie selbst glauben.
Als Leiter musst du an diesem Punkt extrem sensibel sein. Die Einladung zum Glauben darf auf keinen Fall mit Druck oder Manipulation ausgesprochen werden.

JETZT KOMMST DU!

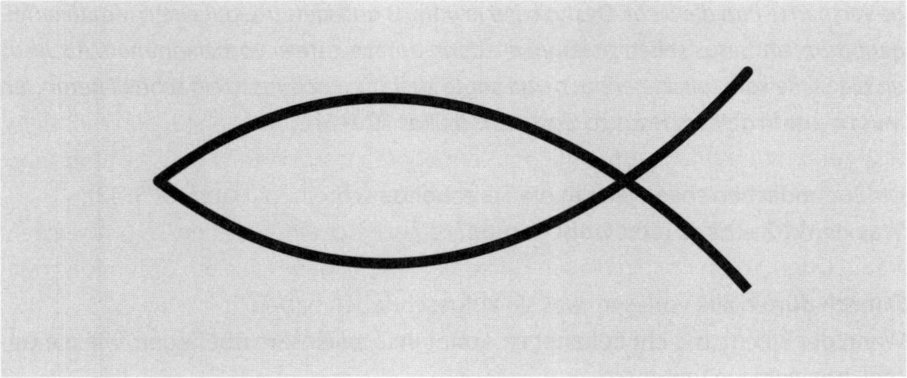

Jede/r soll auf den Fisch schreiben, wie er oder sie „Christsein" beschreiben würde. Was zeichnet ihrer Meinung nach einen Christen aus?

Lest die Beschreibungen laut vor, während die Jugendlichen ihre Fische auf dem Boden ausbreiten (Alternativ könnt ihr die Fische auch in ein Netz tun). Ermutigt alle, zu diskutieren, was die Einzelnen geschrieben haben.

In das Gespräch könnt ihr folgende vier Punkte einbringen:

Christ sein heißt:
- Umkehren – von einem Lebensstil, der sich um dich selbst dreht
- Glauben – dass Gott dich liebt, wie du bist und Jesus für dich gestorben ist
- Mitmachen – bei Gottes Familie, seiner Gemeinde, in der du deine Begabungen einbringen kannst
- Empfangen – die Gaben und die Kraft des Heiligen Geistes, der dir hilft, dein Leben nach Gottes Maßstäben zu gestalten

WAS DICH BETRIFFT

Ich muss in dein Leben
Lest zusammen die Geschichte von Zachäus (zuerst nur die Verse: Lukas 19,1–5, ihr findet Sie im Handout auf S. 42)

Und Jesus kam nach Jericho und zog durch die Stadt. Und sieh doch: Dort lebte ein Mann, der Zachäus hieß. Er war der oberste Zolleinnehmer und sehr reich. Er wollte unbedingt sehen, wer dieser Jesus war. Aber er konnte es nicht, denn er war klein und die Volksmenge versperrte ihm die Sicht. Deshalb lief er voraus und kletterte auf einen Maulbeerfeigenbaum, um Jesus sehen zu können – denn dort musste er vorbeikommen. Als Jesus an die Stelle kam, blickte er hoch und sagte zu ihm: „Zachäus, steig schnell herab. Ich muss heute in deinem Haus zu Gast sein." (Lukas 19,1–5)

Die Jugendlichen sollen jetzt in die Sprechblase schreiben (Handout S. 42):
Was denkt Zachäus jetzt wohl gerade?

Danach dürfen alle vorlesen, was sie aufgeschrieben haben.
Wenn der Bibeltext nicht bekannt ist, könnt ihr gemeinsam überlegen, wie die Geschichte wohl weitergeht.

Lest zusammen die Geschichte von Zachäus weiter: Lukas 19,6–10

Der stieg sofort vom Baum herab. Voller Freude nahm er Jesus bei sich auf.
Als das die Leute sahen, ärgerten sie sich und sagten zueinander: „Er ist bei einem Mann eingekehrt, der voller Schuld ist!"
Aber Zachäus stand auf und sagte zum Herrn: „Herr, sieh doch: Die Hälfte von meinem Besitz werde ich den Armen geben. Und wem ich zu viel abgenommen habe, dem werde ich es vierfach zurückzahlen."
Da sagte Jesus zu ihm: „Heute ist dieses Haus gerettet worden, denn auch er ist ein Sohn Abrahams! Der Menschensohn ist gekommen, um die Verlorenen zu suchen und zu retten."

Erklärt, dass Jesus Zachäus aufgefordert hat, ihn in sein Haus einzuladen. Das ist gleichbedeutend mit der Frage Jesu: Darf ich in dein Leben kommen? Diese Frage stellt Jesus uns auch – vielleicht heute!

Zachäus hatte die Wahl, mit ihm zu gehen oder nicht. Wir haben diese Wahl auch. Bei manchen fällt diese Entscheidung schrittweise über einen langen Zeitraum hinweg. Andere treffen sie an einem ganz bestimmten Zeitpunkt und können sich immer wieder an den Ort und die Zeit zurück erinnern (wie beim ersten Kuss!).

JETZT KOMMST DU!

Biografien
Die Entscheidung, Jesus in sein Leben aufzunehmen, hat Folgen! Da verändert sich etwas. Jesus befreit dich aus dem, was dein Leben klein halten will. Er will dir neue Möglichkeiten eröffnen. Du kannst zu dem lebendigen Gott dazugehören: Das wird dein Leben verändern…

Bildet nun drei Gruppen und teilt jeder Gruppe eine Kurzbiographie von Mutter Teresa, Dietrich Bonhoeffer oder Tom aus dem Handout zu (Handout S. 43–45). Gebt ihnen jetzt 5 Minuten, um sie durchzulesen, zu besprechen und auf die jeweilige Biographie zu reagieren. Bittet sie dann, den anderen zu erzählen, was sie über die jeweilige Person erfahren haben (Wenn die Gruppe eher extrovertiert ist, könnte man die Informationen auf den Karten auch schauspielerisch darstellen lassen, anstatt nur darüber zu reden).

Eine Entscheidung, die dein Leben verändert
Sprecht darüber, was im Leben dieser drei Menschen passiert ist und was sie beeinflusst hat.
Was muss passiert sein, was das Leben der Personen so beeinflusst hat? Was muss passiert sein, dass es Zachäus eine große Freude ist, sein Leben zu ändern (ganz konkret: Das Unrecht, das er getan hat, zu korrigieren)? Es gibt keinen Aufruf: „Bring zuerst dein Leben in Ordnung!", keine Erwartungen, keine Vorbedingungen.
- Wo du Jesus in dein Leben lässt, beginnt Veränderung. Bist du dazu bereit?
- Welche Entscheidung wirst du treffen?

Stellt der Gruppe jetzt das folgende Lebenswende-Gebet (Handout S. 46) vor. Ihr könnt es auch einmal gemeinsam lesen, um es kennenzulernen.

Jesus – ich will dir etwas sagen…
Jesus, ich danke dir, dass deine Sehnsucht nach mir so riesengroß ist –
du bist für mich auf diese Erde gekommen.

Danke, dass du dich für mich interessierst!

Ich habe gehört, dass ich bei dir meine Masken ablegen darf.
Du nimmst mich so an, wie ich wirklich bin.
Danach sehne ich mich schon lange.

Ich bekenne dir, Jesus, dass ich bisher nicht so gelebt habe, wie du es dir vorstellst.
Ich habe verschiedene Rollen gespielt,
Menschen getäuscht und bin nicht ehrlich gewesen.
Ich bin dabei nicht glücklicher, freier oder zufriedener geworden.

Jesus – ich möchte umkehren und mit dir neu anfangen.
Ich möchte frei werden und endlich ich selbst sein.
Du hast am Kreuz alles dafür getan, dass ich wirklich frei werden kann –
ich möchte heute dein Lebensangebot annehmen.
Ab heute möchte ich dir vertrauen, dass du es wirklich gut mit mir meinst.

Ich bitte dich, Jesus: Begleite mich in meinem Alltag.
Schenke mir Freunde, die mir helfen, dich besser zu verstehen.
Hilf mir, zu dir und zu mir selbst zu stehen – lass mich nicht allein!

Ich danke dir Jesus, dass du mir durch deine Auferstehung ein Leben in echter Freiheit schenkst.
Ich freue mich, dass ich jetzt zu dir gehöre und bin sehr gespannt auf die Erfahrungen, die ich mit dir machen werde.

Amen.

Erklärt, worum es dabei geht (Jesus in sein Leben einzuladen). Gebt den Teilnehmenden das Gebet mit nach Hause und lasst ihnen Zeit, den Text eventuell zu verändern (Worte oder Sätze zu streichen oder umzuformulieren).
Bietet den Teilnehmenden an, dass ihr für Gespräche zur Verfügung steht. Ladet ein, entweder das Lebenswende-Gebet alleine zu Hause zu sprechen oder weist auf den nächsten Emmaus-Gottesdienst hin. Dort können die Jugendlichen das Lebenswende-Gebet auch sprechen.

Wenn Teilnehmende das Lebenswende-Gebet alleine zu Hause sprechen oder im persönlichen Gespräch mit dem Leiter, dann bietet folgende Aktion als Bestätigung an: An einem markanten Punkt (z. B. dem Kreuz in der Kirche) wird ein buntes Band festgemacht. Als symbolischer Akt: Jesus & ich – wir gehören ab jetzt zusammen!

SPRICH MIT GOTT

Als Überleitung zum Gebet könnt ihr ein Lied zusammen singen, in dem es um Nachfolge geht oder hört euch gemeinsam ein Lied von CD an. Wenn für eure Gruppe singen nichts ist, lest gemeinsam folgenden Text:

Jesus, zu dir kann ich so kommen wie ich bin

Jesus, zu dir kann ich so kommen, wie ich bin.
Du hast gesagt, dass jeder kommen darf.
Ich muss dir nicht erst beweisen, dass ich besser werden kann.
Was mich besser macht vor dir, das hast du längst am Kreuz getan.
Und weil du mein Zögern siehst, streckst du mir deine Hände hin,
und ich kann so zu dir kommen wie ich bin.

Jesus, bei dir darf ich mich geben, wie ich bin.
Ich muss nicht mehr, als ehrlich sein vor dir.
Ich muss nichts vor dir verbergen, der mich schon so lange kennt.
Du siehst, was mich zu dir zieht, und auch, was mich von dir noch trennt.
Und so leg ich Licht und Schatten meines Lebens vor dich hin,
denn bei dir kann ich mich geben, wie ich bin.

Jesus, bei dir muss ich nicht bleiben wie ich bin.
Nimm fort, was mich und andere zerstört.
Einen Menschen willst du aus mir machen, wie er dir gefällt,
der ein Brief von deiner Hand ist, voller Liebe für die Welt.
Du hast schon seit langer Zeit mit mir das Beste nur im Sinn.
Darum muss ich nicht so bleiben, wie ich bin.

Text: Manfred Siebald, Melodie: Johannes Nitsch

Dankt Jesus im Gebet dafür, dass er uns einlädt, bei ihm das Leben zu finden!

WAS SACHE IST

Jesus lädt uns dazu ein, ihn in unser Leben aufzunehmen. Wir haben die Wahl das zu tun oder nicht. Wenn wir dazu ‚Ja' sagen hat das Auswirkungen darauf, wie wir unser Leben gestalten und es wird auch Einfluss darauf haben, wie wir uns als Person entwickeln.

WIE ES WEITER GEHT

Regt an, Personen aus der Gemeinde zu fragen, wie sich ihre Entscheidung für Jesus auf ihr Leben ausgewirkt hat.
Schlagt ihnen vor, das Lebenswende-Gebet in den nächsten Tagen als Bekräftigung der eigenen Entscheidung öfter zu beten.

TIMING

Leg gleich los!	5–10 Minuten
Weißt du noch?	5 Minuten
Jetzt kommst du! Kleine Fische	10 Minuten
Was dich betrifft: Ich muss in dein Leben	15 Minuten
Jetzt kommst du! Biografien ...	20 Minuten
Sprich mit Gott	5 Minuten
Was Sache ist / Wie es weitergeht	5 Minuten

GOTTESDIENST 2

GOTTESDIENST „BEGLEITEN" LUKAS 24,17–31A

Entwickelt von Dieter Braun, Gottfried Heinzmann und Alexander von Wascinski

VORAUSGEHENDE EINHEITEN

7 Gebet – unter vier Augen mit Gott
8 Die Bibel – der Weltbestseller
9 Die Kirche – was für ein toller Körper!
10 Christ werden – Eine Entscheidung, die dein Leben verändert

VORBEREITUNG DES GOTTESDIENSTES

Stationen vorbereiten

Station 1
Ich frage mich. Klage- und Fragemauer: Mauersteine besorgen und Mauer aufbauen, Stifte mit gelben und grünen Zetteln (kann von letztem Gottesdienst übernommen werden)
Station 2
Ich höre. Kärtchen mit Bibelversen (Jesaja 43,1 und Jeremia 31,3; siehe Stationsbeschreibung unten) auslegen
Station 3
Ich will, dass Jesus bei mir bleibt. Doppelkarte mit Lebenswendegebet (befindet sich als Kopiervorlage im Anhang auf S. 187 und zum Ausdrucken auf der beiliegenden CD-Rom) für jeden Teilnehmer / jede Teilnehmerin kopieren oder ausdrucken, Stempelkissen für Fingerabdruck
Station 4
Ich werde beschenkt. Teller mit Fladenbroten, niedriger Tisch und zwei Sitzkissen, Texte auf DinA4-Blatt ausdrucken (Siehe Stationsbeschreibung unten – befindet sich als Ko-

piervorlage im Anhang auf S. 188 und zum Ausdrucken auf der beiliegenden CD-Rom) für jeden Teilnehmer / jede Teilnehmerin kopieren oder ausdrucken, Stifte bereitlegen
Station 5
Ich beginne zu verstehen. Richtig-wichtig-Buch (Blanko-Buch mit Aufschrift versehen), bunte Stifte (kann von letztem Gottesdienst übernommen werden)

Weiteres Material
Einen Tennis- oder Jonglierball für die Spielaktion in Teil 1.

DURCHFÜHRUNG DES GOTTESDIENSTES

Zielgedanke
Auf meinem Weg mit Jesus und aus seinen Worten wird mir klar: „Ich will, dass Jesus bei mir bleibt." Ich lade Jesus ein: „Bleibe bei mir!"

Teil 1: Anfangen

Lieder und Gebete je nach Gruppe auswählen und den Anfangsteil des Gottesdienstes gestalten.

Einführung des Spiels:
Wir sind nun schon eine ganze Weile miteinander auf dem EMMAUS-Weg unterwegs. Wir wollen uns heute den nächsten Abschnitt in der Geschichte der EMMAUS-Jünger ansehen.
Die beiden Jünger auf dem Weg nach EMMAUS waren ziemlich verwirrt. Sie wussten nicht, was sie von diesem Jesus halten sollten. Vielleicht geht es manchen von euch genauso und jemand denkt: In mir sind auch manche wirre Gedanken und ich frage mich: Was soll ich mit diesem Jesus anfangen?

Spiel: Alle Teilnehmenden sitzen oder stehen in einem Kreis. Der Spielleiter nimmt einen Tennis- oder Jonglierball und beginnt einen Satz wie: „Das Dümmste, was mir je passiert ist, war...". Nun wirft er den Ball jemandem zu, der mit im Kreis sitzt oder steht. Diese Person muss sofort den Satz zu Ende bringen (z. B. „... dass ich mein Handy verloren habe."). Nun wirft diese Person den Ball weiter zu einer anderen Person, die den gleichen Satz noch einmal vollenden muss. Dies geht so lange, bis alle einmal dran waren. Jetzt kann der Spielleiter einen neuen Satz in die Runde werfen.
Nachdem ein paar Auflockerungsrunden mit witzigen oder harmlosen Fragen gespielt wurden, können am Ende ein oder zwei Runden gespielt werden, in denen

Sätze vollendet werden müssen, die inhaltlich zum Gottesdienst passen, wie z. B.: „Jesus starb am Kreuz, weil..." oder „Wenn ich ein Kreuz sehe, denke ich...". Achtet darauf, in jeder Runde die Reihenfolge zu variieren.

Impuls zum Weiterdenken:

Die Jünger verstanden die Sache mit dem Kreuz nicht. Für sie war es schwierig, auf die Frage: „Warum musste das alles passieren?" eine Antwort zu finden. Sie fühlten sich allein gelassen mit ihren Fragen. Jesus lässt sich von den Jüngern den Ball wieder zurückgeben. Er speist sie nicht ab mit schnellen und kurzen Antworten. Sie werfen sich den Ball so lange gegenseitig zu, bis alle Fragen gestellt und alle Antworten gegeben wurden. Das braucht Zeit und Mut, Fragen zu stellen und auf die Antworten zu warten.

Teil 2: Zur Mitte finden

Lied, das hilft, zur Ruhe zu finden und auf Gott zu hören.

Bibeltext vorlesen: Lukas 24,17–31a

Da blieben sie traurig stehen. 18 Der eine – er hieß Kleopas – antwortete ihm: „Du bist wohl der Einzige in Jerusalem, der nicht weiß, was dort in diesen Tagen passiert ist?" 19 Jesus fragte sie: „Was denn?" Sie sagten zu ihm: „Das mit Jesus von Nazaret! Er war ein großer Prophet. Das hat er durch sein Wirken und mit seinen Worten vor Gott und vor dem ganzen Volk gezeigt. 20 Unsere führenden Priester und die anderen Mitglieder des jüdischen Rates haben dafür gesorgt, dass er zum Tod verurteilt und gekreuzigt wurde. 21 Wir hatten doch gehofft, dass er es ist, der Israel erlösen soll. Aber nun ist es schon drei Tage her, seit das alles geschehen ist. 22 Und dann haben uns einige Frauen, die zu uns gehören, aus der Fassung gebracht: Sie waren frühmorgens am Grab. 23 Aber sie konnten seinen Leichnam nicht finden. Sie kamen zurück und berichteten: ‚Wir haben Engel gesehen. Die haben uns gesagt, dass Jesus lebt!' 24 Einige von uns sind sofort zum Grab gelaufen. Sie fanden alles so vor, wie die Frauen gesagt haben – aber Jesus selbst haben sie nicht gesehen." 25 Da sagte Jesus zu den beiden: „Warum seid ihr so begriffsstutzig und tut euch so schwer damit zu glauben, was die Propheten gesagt haben? 26 Musste der Christus das nicht alles erleiden, um in die Herrlichkeit seines Reiches zu gelangen?" 27 Und Jesus erklärte ihnen, was in den Heiligen Schriften über ihn gesagt wurde – angefangen bei Mose bis hin zu allen Propheten. 28 So kamen sie zu dem Dorf, zu dem sie unterwegs waren. Jesus tat so, als wollte er weiterziehen. 29 Da drängten sie ihn: „Bleibe doch bei uns! Es ist fast Abend und der Tag geht zu Ende!" Er ging mit ihnen ins Haus und blieb dort. 30 Dann, nachdem er sich mit ihnen zum Essen niedergelassen hatte, nahm er das Brot und sprach das Dankgebet. Er brach das Brot in Stücke und gab es ihnen. 31 Da fiel es ihnen wie Schuppen von den Augen und sie erkannten ihn.

Predigt
Im Bibeltext lassen sich einzelne Schritte erkennen, die die Jünger mit Jesus gehen. Dem äußeren Weg entspricht ein Weg, den sie auch in ihrem Herzen gehen. Zunächst sind die Jünger verwirrt, doch nach und nach klärt sich manches für sie. Den inneren Weg kann man so beschreiben: Ich frage mich – Ich höre – ich will, dass Jesus bei mir bleibt – ich werde beschenkt – ich beginne zu verstehen.

Ich frage mich (Verse 17–24)
Der fremde Begleiter interessiert sich für die Verwirrung der Jünger. Sie stellen ihre Fragen. Sie äußern ihre Zweifel. Sie bringen ihren Frust über Gott zum Ausdruck. Vielleicht ging es dir in den vergangenen Einheiten ganz ähnlich, vieles ist noch unklar und du hast mehr Fragen als Antworten.

Ich höre (Verse 25–27)
Nachdem der Fremde lange Zeit zugehört hat, ergreift er das Wort. Er fragt zurück. Er macht deutlich: Ihr hängt immer noch in euren eigenen Vorstellungen. Seht ihr denn nicht, wie Gott in der Geschichte mit seinen Menschen gehandelt hat? Erkennt ihr nicht, dass in der Bibel schon alles über den kommenden Retter vorhergesagt wird? Auch wenn die Jünger manches nicht gleich verstehen, erkennen sie, dass Jesus als Gottes Sohn in diese Welt gekommen ist und dass er leiden und sterben musste, um die Menschen zu retten.
Wir haben in den vergangenen EMMAUS–Einheiten manches über Gott, Jesus und den Heiligen Geist gehört. Was hast du für dich erkannt? Wo hast du gemerkt, dass Jesus für dich ist und alles dafür einsetzt, dass du zu Gott kommen kannst? Die Kreuzigung Jesu ist kein Unfall und keine Katastrophe, sondern die Erfüllung der Verheißung Gottes an seine Menschen.

Ich will, dass Jesus bei mir bleibt (Verse 28–29)
Inzwischen sind die Drei in Emmaus angekommen. Abschied wäre jetzt angesagt. Irgendetwas müssen die beiden Jünger gerochen, geahnt, oder auch schon erkannt haben. Jesus trickst nicht, drängt sich nicht auf, sondern tut, „als wollte er weitergehen". Er überlässt den Jüngern die Entscheidung, den aufgenommenen Gesprächsfaden weiterzuverfolgen. Das macht Jesus bis heute so mit Menschen. Er überlässt dir die Entscheidung, den aufgenommenen Gesprächsfaden weiterzuverfolgen. Wenn du möchtest, dass Jesus bei dir bleibt und dich auf deinem Lebensweg begleitet, kannst du ihn darum bitten. Wie die Jünger kannst du zu ihm sagen: „Bleibe bei mir!"

Ich werde beschenkt (Vers 30)
„Merk-würdig", wie die Rollen hier auf einmal vertauscht werden. Obwohl der Fremde von den beiden Jüngern eingeladen wurde, übernimmt er die Rolle des Gastge-

bers. Er nimmt das Brot, dankt Gott dafür und bricht es. Jesus als großzügiger Gastgeber. Diese Aufgabe übernimmt er mit Vorliebe: Er öffnet die Tür. Er lädt Menschen an den Tisch Gottes ein. Er bewirtet sie. Er schenkt ihnen seine Freundschaft.

Ich beginne zu verstehen (Vers 31)

Da endlich kapieren die Jünger, wer sie da die ganze Zeit begleitet hat. Sie erkennen ihn und freuen sich. Vielleicht hast du solche ganz besonderen Momente auch schon mal erlebt. Wenn auf einmal klar ist, was vorher trüb war. Wenn du das entscheidende Ende des Fadens erwischt hast, und sich das ganze Wirrwarr in deinem Inneren auflöst. Manchmal kann das aber auch länger dauern und man kann nur sagen: „Ich ahne etwas, ich beginne zu verstehen." Auch das ist ein wichtiger Schritt auf dem Weg mit Gott.

Lied, das hilft, auf das in der Predigt Gehörte zu antworten

Teil 3: Weitergehen

Übergang zu den Stationen. Die Schritte der Predigt werden in den Stationen aufgenommen: Ich frage mich – Ich höre – ich will, dass Jesus bei mir bleibt – ich werde beschenkt – ich beginne zu verstehen.
Es wäre hilfreich, die Stationen zu erklären und dann jeweils eine kurze schriftliche Anweisung zu den einzelnen Stationen zu legen.

Station 1 – Ich frage mich: Klage- und Fragemauer
Auf die Zettel können Fragen geschrieben werden, die in die Mauer gesteckt werden können.

- gelbe Zettel: Fragen und Gebetsanliegen, von denen du möchtest, dass sie jemand für dich zu Jesus bringt (dafür betet).
- grüne Zettel: Fragen und Gebetsanliegen, die zwischen Gott und dir bleiben sollen. Die Zettel werden nachher von einem Mitarbeitenden eingesammelt und verbrannt. Es wird sie niemand lesen – versprochen.

Station 2 – Ich höre: Bibelverse zusprechen
Den Raum bzw. die Gebetsecke so gestalten, dass ein konzentriertes Hören möglich ist. Darauf achten, dass in den Bibelversen der Zuspruch des barmherzigen Gottes zum Ausdruck kommt und die Verse namentlich zusprechen. Zum Beispiel: Jesaja 43,1 „Fürchte dich nicht, denn ich habe dich erlöst; ich habe dich bei deinem Namen gerufen: *N.N.* – Du bist mein!" – Jeremia 31,3: „Ich habe dich, *N.N.* je und je geliebt, darum habe ich dich zu mir gezogen aus lauter Güte."

Station 3 – Ich will, dass Jesus bei mir bleibt
Das Lebenswendegebet aus der Einheit „Christ werden – Eine Entscheidung, die dein Leben verändert" auf einer Doppelkarte vorbereiten. Das Gebet ist auf jeder Hälfte einmal abgedruckt, darunter ist ein freies Feld, um einen Fingerabdruck zu hinterlassen (Stempelkissen bereitstellen). Eine Hälfte abreißen und unter das Kreuz legen, die andere Hälfte mitnehmen.

Station 4 – Ich werde beschenkt: Niedriger Tisch mit zwei Sitzkissen; Teller mit kleinen Fladenbroten, außerdem Bibelvers und Dankgebet groß auf DinA4-Blatt geschrieben.
„Nachdem er sich mit ihnen zum Essen niedergelassen hatte, nahm er das Brot und sprach das Dankgebet. Er brach das Brot in Stücke und gab es ihnen. Da wurden ihre Augen geöffnet, und sie erkannten ihn." (Lukas 24,30–31).
„Danke, Herr, denn du bist gut zu uns und deine Liebe hört niemals auf." (vgl. Psalm 106,1)

Station 5 – Ich beginne zu verstehen: Richtig-wichtig-Buch auslegen (Blanko-Buch mit Aufschrift versehen, bunte Stifte bereitlegen), daneben Beschreibung: „Schreibe in das Buch, was für dich auf dem Emmaus-Weg wichtig ist."

Lied mit Segensbitte

Segen
Gott der Schöpfer segnet dich.
Er ist wie ein Vater und eine Mutter für dich.
Er wirft einen zärtlichen Blick auf dich und sagt:
„Fürchte dich nicht. Du gehörst zu mir!"
Jesus Christus segnet dich.
Er geht mit auf deinem Weg.
Er bleibt bei dir – in deinem Leben – und sagt:
„Ich stehe zu dir, egal was kommt."
Gott, der Heilige Geist, segnet dich.
Er erfüllt dich mit Gottes Kraft.
Er lebt in dir und schenkt dir Licht, Liebe und Leben.
Amen.

EINHEIT 11

DEIN REICH KOMME – GOTTES PRIORITÄTEN FÜR DIESE WELT

Bearbeitung: Alexander von Wascinski

Was ihr braucht:

- Gegenstände für das „Leg gleich los!"-Spiel (Fischernetz, Hefewürfel, funkelnder Schmuck oder Schatz, Perlen, Party Hut oder Einladung oder Tröte oder Luftballon, Tüte Samen, Spielzeugschaf, Spielzeugfigur eines Kindes, Weintrauben, Münze)
- Je nach „Was dich betrifft"-Aktion: Entweder zwei Portionen Brotteig, eine mit und eine ohne Hefe. Das Rezept und die Zutaten findet ihr im Anhang auf S. 189 oder auf der CD-Rom. Oder: einige Gläser Wasser mit verschiedenen Zutaten verrührt: Eins mit Zucker, eins mit Salz, Essig, Zitronensaft usw.
- große Papierbögen und Filzstifte
- Zeitungen und Zeitschriften
- Klebstoff
- Malpapier und Stifte

UM WAS ES GEHT

Christ zu sein ist nicht nur Privatsache. Es hat Einfluss darauf, wie wir leben und welche Entscheidungen wir treffen. Es beeinflusst die Menschen um uns herum. Bei diesem Thema geht es darum, die Teilnehmenden herauszufordern, ihren Glauben auf Fragen der sozialen Gerechtigkeit anzuwenden, Gottes Prioritäten für diese Welt zu verinnerlichen und den Glauben im Alltag zu leben.

LEG GLEICH LOS!

Gedächtnistraining

Stellt die folgenden Gegenstände auf einem Tablett zusammen. Alle Objekte sind Symbole für das Reich Gottes, die im Neuen Testament benutzt werden. Verdeckt sie vor Beginn des Spiels mit Papier. Nehmt dann das Papier für 30 Sekunden weg und deckt sie dann wieder zu. Teilt allen Papier und Stifte aus und bittet sie zu versuchen, sich in 60 Sekunden an alle 10 Gegenstände zu erinnern.
Gebt danach jeweils eine kurze Erklärung für jeden Gegenstand (Es sind Bibelstellen angegeben für den Fall, dass euch die Geschichten nicht geläufig sind).

- ein Fischernetz (Matthäus 13,47)
- ein Hefewürfel (Matthäus 13,33)
- funkelnder Schmuck (Schatz) (Matthäus 13,44)
- Perlen (Matthäus 13,45)
- einen Party-Hut, eine Einladung, eine Tröte oder Luftballon (Bankett) (Lukas 14,15–24)
- eine Tüte Samen (wenn möglich Senf) (Matthäus 13,31–32)
- ein Spielzeugschaf (verlorenes Schaf) (Lukas 15,1–7)
- ein Kind (Puppe oder Spielzeugfigur von Duplo o.ä.) (Matthäus 19,13–14)
- ein paar Weintrauben (Weinberg) (Matthäus 20,1–16)
- eine Münze – echt oder aus Schokolade (verlorene Münze) (Lukas 15,8–10)

WEISST DU NOCH?

In der letzten Einheit ging es um eine Entscheidung, ob wir zu Jesus gehören möchten. Wenn wir mit Jesus unterwegs sein möchten – Christ sein wollen – dann hat das nicht nur Auswirkungen auf unser Leben, sondern es beeinflusst auch die Menschen um uns herum.
Im Vaterunser beten wir: „Dein Reich komme, wie im Himmel so auch auf Erden". Jesus benutzt sehr viele Bilder und Gleichnisse, um zu veranschaulichen, wie Gott diese Welt verwandelt. Jesus nennt das „die Botschaft vom Reich Gottes". Diese Einheit beschäftigt sich damit, was das Reich Gottes ist, wie es sich ereignet und was es bedeutet, dass wir Teil dieses Reiches Gottes sind.

JETZT KOMMST DU!

Wunderbare Welt

Was macht diese Welt aus, in der wir leben?
Was würdest du dir in dieser Welt anders wünschen?
Bildet mehrere kleine Gruppen und gebt jeder einen großen Bogen Papier (alternativ kann das auf die Box im Handout geschrieben werden, siehe S. 48) und einen dicken Stift. Dann sind fünf Minuten Zeit, in denen wahllos nach Antworten auf diese Fragen gesucht wird. Danach werden die verschiedenen Antworten untereinander ausgetauscht.
Oft erkennen wir kaum, dass Gott in dieser Welt wirklich wirkt. Jesus wurde einmal gefragt: „Wann wird das Reich Gottes kommen?" (Lukas 17,20) Seine Antwort war: „Das Reich Gottes ist mitten unter euch."

WAS DICH BETRIFFT

Teigig ...

Lies das Gleichnis vom Sauerteig/ Hefeteig (Matthäus 13,33)
Jesus erzählte der Volksmenge ein weiteres Gleichnis: „Das Himmelreich gleicht dem Sauerteig: Eine Frau nahm den Sauerteig und verarbeitete ihn mit einer großen Menge Mehl. Am Ende war der ganze Teig durchsäuert." (Matthäus 13,33)

Bereitet etwa eine halbe Stunde vor Beginn des Treffens zwei Portionen Brotteig vor (einen davon mit, einen ohne Hefe, Achtung: Warmes Wasser verwenden!). Stellt danach die Frage: Was hat die Hefe mit dem Teig gemacht?
Die Hefe sorgt dafür, dass der Teig aufgeht und luftig wird. Obwohl es nur ein wenig Hefe ist, verändert sie den ganzen Teig. Es ist erstaunlich: Ein klein wenig Hefe verändert so viel. Jesus lebt durch den Heiligen Geist in uns und verändert uns. Als Christen sind wir dazu berufen, mitten in der Welt zusammen mit allen anderen Menschen zu leben und diese Welt zu verändern. So durchdringt Christus unsere Welt und wir sind Teil davon.
Nach dieser Aktion könnt ihr den Teig in den Backofen tun und backen, wie es im Rezept angegeben ist. Ihr könnt die Brötchen am Ende der Einheit gemeinsam essen.

Salzig ...

Die Brotaktion ist sehr eindrücklich, aber auch sehr aufwändig. Wenn sie euch zu aufwändig ist, dann könnt ihr auch verschiede Gläser mit Wasser vorbereiten, in die ihr Zutaten einrührt, die die Teilnehmenden raten müssen, z. B. Salz, Zucker, Essig oder Zitronensaft. Die Pointe des Spiels ist jedoch nicht das Raten – da werden sie schnell drauf kommen – sondern der Gesichtsausdruck, während sie das Getränk probieren (Lasst sie aber nur nippen und keinen großen Schluck trinken).
Wie beim Brot, so können wir auch hier die Zutaten nicht sehen, die im Wasser sind. Aber sie sind darin enthalten und obwohl sie nur eine kleine Menge ausmachen, haben sie eine große Wirkung.

JETZT KOMMST DU!

Mein Blick auf diese Welt

Bittet die Gruppe, die Themen auf dem Handout (S. 49) anzukreuzen, die sie für besonders wichtig halten (Fairer Handel, Umweltschutz, Rassengleichheit, Rettung bedrohter Arten, Armut und soziale Gerechtigkeit, Obdachlosigkeit, Frieden, Tierrechte, ...). Im freien Feld können sie auch eigene Themen aufschreiben.
Um genauer zu sehen, wo wir als Menschen handeln können, wählt eine oder mehrere der folgenden Methoden:

Collage

Aus Zeitungen und Zeitschriften werden Überschriften und Bilder auf ein großes Blatt Papier aufgeklebt und so zu einer Collage zusammen gestellt, die drängende Themen der Jugendlichen darstellt.

Gebetspatenschaften

Schreibt eure Anliegen auf Zettel. Nehmt diese Zettel mit nach Hause und betet in der kommenden Zeit für diese Anliegen.

Soziales Bekenntnis

Lest gemeinsam den Abschnitt aus dem Soziale Bekenntnis (Handout S. 50). Jede und jeder hat danach Zeit, auf einen eigenen Zettel zu schreiben, was sie oder ihn dabei am meisten beschäftigt und wir in unserem Leben verändern müssen, um im Sinne des Reiches Gottes zu leben.

Wir glauben an Gott, den Schöpfer der Welt,
und an Jesus Christus, den Erlöser alles Erschaffenen,
und an den Heiligen Geist, durch den wir Gottes Gaben erkennen.
Wir bekennen, diese Gaben oft missbraucht zu haben
und bereuen unsere Schuld.
Wir bezeugen, dass die natürliche Welt Gottes Schöpfungswerk ist.
Wir wollen sie schützen und verantwortungsvoll nutzen.
Wir nehmen dankbar die Möglichkeiten menschlicher Gemeinschaft an.
Wir setzen uns ein für das Recht jedes Einzelnen
auf sinnvolle Entfaltung in der Gesellschaft.
Wir stehen ein für das Recht und die Pflicht aller Menschen,
zum Wohl des Einzelnen und der Gesellschaft beizutragen.
Wir stehen ein für die Überwindung von Ungerechtigkeit und Not.
Wir verpflichten uns zur Mitarbeit am weltweiten Frieden
und treten ein für Recht und Gerechtigkeit unter den Nationen.
Wir sind bereit, mit den Benachteiligten unsere Lebensmöglichkeiten zu teilen.
Wir sehen darin eine Antwort auf Gottes Liebe.
Amen.

Aus dem Sozialen Bekenntnis der Evangelisch-methodistischen Kirche

Micha-Initiative

Die Micha-Initiative will Christen zum Engagement gegen Armut und für Gerechtigkeit motivieren. Auf der Internetseite www.micha-initiative.de informiert sie über biblische und gesellschaftliche Hintergründe und stellt mögliche Aktionen vor. Schaut euch die Initiative mit euren Jugendlichen an. Vielleicht könnt ihr euch als Gruppe dort mit einer Aktion engagieren?

SPRICH MIT GOTT

Formuliert gemeinsam aus den Anliegen, die ihr gesammelt habt, ein Gebet für die Menschen, mit denen ihr zusammen lebt, und für die Menschen an den verschiedenen Orten in der Welt. Überlegt euch, was in dieser Welt gut ist, um Gott dafür zu danken. Überlegt euch auch, wo ihr Gott bitten wollt, etwas zu verändern. Schließt jeden Dank und jede Bitte mit einem gemeinsamen „Amen" oder einem gemeinsamen „Herr, dein Wille geschehe, Amen" ab.

WAS SACHE IST

Wenn wir beten „Dein Reich komme..." können wir teilweise die Antwort auf dieses Gebet werden, in dem wir uns aufmachen, etwas zu tun.
Christen können in dieser Welt etwas bewirken, so wie die Hefe, die in einen Teig geknetet wird. Wir können die gute Nachricht vom Reich Gottes auch an unsere Freunde und Familien weitergeben, durch die Art und Weise wie wir leben und durch die Dinge, die wir sagen.

WIE ES WEITER GEHT

Ermutigt die Jugendlichen:

- mehr über das Thema herauszufinden, das ihnen am wichtigsten war
- über das Zitat von Mutter Teresa nachzudenken, das auf dem Handout (S. 51) abgedruckt ist
- zu beten, dass Gott ihnen zeigt, wie sie sein Reich mit anderen teilen und es dadurch verbreiten können

TIMING

Leg gleich los!	5 Minuten
Weißt du noch?	5 Minuten
Jetzt kommst du: Wunderbare Welt	10 Minuten
Was dich betrifft: Teigig und Salzig	15 Minuten
Jetzt kommst du! Mein Blick auf diese Welt	15 Minuten
Sprich mit Gott	10 Minuten
Was Sache ist / Wie es weitergeht	5 Minuten

EINHEIT 12

DEINE BEZIEHUNG ZU ANDEREN

Bearbeitung: Dieter Braun

Was ihr braucht:

- Kleine Zettel und Stifte für das „Leg gleich los!"-Spiel
- Evtl. ein Plüsch-Herz oder ein ausgeschnittenes Herz und/oder Süßigkeiten in Herzform
- Große Bögen Papier und Stifte
- Ausgeschnittene „Bomben", „Torpedos" und „Hämmer"
- Weitere kleine Kärtchen für die Abschlussaktion

UM WAS ES GEHT

Ein Bereich, den Gott in unserem Leben unter Umständen verändern will, sind unsere Beziehungen zu anderen. Heute geht es darum, besser mit anderen Menschen zurechtzukommen – sie sogar lieben zu lernen. Manchmal bedeutet das, dass wir zuallererst einmal lernen müssen, uns selbst zu lieben.

LEG GLEICH LOS!

E-Mail-Adressen

Gebt jeder Person einen Zettel und einen Stift und stellt ihnen folgende Aufgabe: Jede und jeder soll sich eine E-Mail-Adresse für sich selbst ausdenken, die fantasievoll, wahr und nett ist, wie z. B.: *haarige.beine@großer-bizeps.bengel* oder *strahleaugen@persönlichkeit.girl.*

Rechnet damit, dass das nicht allen leicht fallen wird. Manchen Jugendlichen fällt es z. B. extrem schwer, etwas Positives über sich selber zu sagen. Erwähnt darum wie beiläufig die Möglichkeit, dass man auch einen leeren Zettel abgeben kann. Und erklärt gleich zu Beginn, was genau mit den Zetteln geschehen wird.
Sammelt alle E-Mail-Adressen ein und lest die ausgefüllten Zettel laut vor. Kann die Gruppe erraten, wer sie geschrieben hat?

Jetzt kann gut eine Diskussion über das Bild entstehen, das wir nach außen von uns abgeben und darüber, dass dieses Bild sich von dem Bild, das wir in Wirklichkeit von uns selbst haben, manchmal sehr unterscheidet.
Vermutlich gibt es mehrere leere Zettel. Bewertet das nicht negativ, sondern zeigt Verständnis dafür, denn: „Manchmal es ist gar nicht so einfach, etwas Nettes über sich selbst zu schreiben. Warum denkt ihr ist das so?"
Erklärt der Gruppe, warum es nicht überraschend ist, dass manche Zettel leer bleiben. Ihr könnt Fragen/Erklärungen in das Gespräch mit einbringen wie: „Hattet ihr davor Angst, dass die Gruppe lachen könnte, wenn ihr etwas Gutes über euch schreibt?", „Ist es manchmal leichter, sich selbst schlecht zu machen?" oder „Verstecken wir uns manchmal hinter einem Image, von dem wir hoffen, dass die anderen es mögen, anstatt zu zeigen, wie wir wirklich sind?"

Nehmt die Gelegenheit wahr, Leute aufzubauen, die sich selbst in keinem sehr positiven Licht dargestellt haben oder sich nicht getraut haben, etwas Gutes über sich zu schreiben. Wer eine leere Karte abgegeben hat, könnte von einem Leiter oder der Gruppe eine E-Mail-Adresse bekommen. Oder der Zettel bleibt doch leer bis zum Schluss, denn am Ende der Einheit bekommt jede und jeder noch eine neue E-Mail-Adresse.

Mögliche Ergänzung vor dem Spiel: eine „Lobhudel-Runde". Jede/r sagt über jede/n, was er an ihm/ihr richtig gut findet. Das geht auch mit je einem Blatt pro Person, das durch die Gruppe gereicht wird, auf die jede/r etwas schreibt.

Tipp: Bei diesem Treffen soll es darum gehen, die Jugendlichen dazu zu ermutigen, ihr Leben mit den anderen aus der Gruppe zu teilen. Indem sie über wichtige Beziehungen in ihrem Leben reden, sollen die Beziehungen untereinander vertieft werden. Es kann aber auch dazu führen, dass dabei plötzlich Bereiche aufgedeckt werden, in denen Personen verletzt wurden oder in denen sie Dinge vermissen. Deshalb ist hier großes Einfühlungsvermögen gefragt. Niemand sollte dazu gezwungen werden, mitzumachen. Und es sollte klar gesagt werden, wie wichtig es ist zuzuhören, wenn jemand sich entschließt, etwas von sich zu erzählen. Vielleicht ist es sinnvoll, an diesem Punkt nochmal die Grundregeln zu wiederholen.

WEISST DU NOCH?

In der letzten Einheit ging es um das Reich Gottes und darum, was wir tun können, um einen positiven Einfluss auf diese Welt auszuüben. Habt ihr darüber noch nachgedacht? Sind euch Dinge wichtig geworden, für die ihr einstehen wollt?

Tipp: Wenn ihr den vorgeschlagenen Gottesdienst gemeinsam gefeiert habt, dann könnt ihr jetzt eine kurze Feedbackrunde dazu machen.

Erklärt, dass es heute darum geht, wie wir mit anderen Menschen gut zurechtkommen. Dabei geht es darum…

- **andere** und
- **uns selbst** zu lieben.

Das letzte ist dabei manchmal das Schwierigste.

WAS DICH BETRIFFT

Wer liebt dich?
Gebt den Jugendlichen die Aufgabe:

- sich schweigend zu überlegen, ob ihnen jemand einfällt, der sie liebt.
- kurz zu sagen, warum sie meinen, dass diese Person sie liebt (die Person muss dabei nicht unbedingt benannt werden)

Versucht, dass der Ton dabei leicht und entspannt bleibt, ohne ins Lächerliche abzurutschen.

Tipp: Wenn es stilmäßig in eure Gruppe passt und als hilfreich erscheint, könntet ihr ein Herz in Kissenform herumreichen (oder andere herzförmige Dinge) und die Regel einführen, dass nur die Person, die das Herz hat, sprechen darf. Wenn es sehr schüchterne Personen in der Gruppe gibt, könnten diese dann das Herz auch halten und weiterreichen ohne zu reden und ihre Antworte einfach nur denken. Alternativ dazu (oder zusätzlich) könnt ihr allen eine Süßigkeit in Herzform geben, die sie während der Runde essen.

WAS SACHE IST

Gott liebt uns! So einfach und so toll ist das. Er liebt uns nicht wegen unseres Aussehens oder wegen dem was wir erreicht haben, noch nicht mal wegen unseres Glaubens. Denn:

Als wir noch Sünder waren, ist er für uns gestorben. Als wir ganz weit vom Weg abgekommen waren, hat er sich auf die Suche nach uns gemacht. Als wir uns traurig und verloren gefühlt haben, hat er uns gefunden und uns hochgeholfen.

Jesus fordert uns heraus, einander mit derselben bedingungslosen, kostenlosen Liebe zu lieben und uns wertzuschätzen.

Lest jetzt Jesu *„Gebot der Liebe"* vor (Handout S. 53):
„Liebe deinen Mitmenschen wie dich selbst." (Lukas 10,27)

JETZT KOMMST DU!

Liebt eure Feinde

Lest zusammen die Geschichte vom barmherzigen Samariter (Lukas 10,29–37, Handout S. 53). Hier wird ganz konkret das Gebot der Liebe aus dem Lukasevangelium umgesetzt.

Wenn ihr allerdings denkt, dass die Gruppe die Geschichte schon gut kennt, dann bittet lieber jemanden, sie aus ihrer oder seiner Erinnerung nachzuerzählen (Ihr könnt dann die Lücken füllen).

Macht deutlich, dass „Samariter" zu Jesu Zeiten genau das Gegenteil von dem bedeutet, für das es heute steht. Die Samariter waren die erklärten Gegner der Juden, wurden gehasst und beleidigt. Jesus bringt also eine ironische Wendung in sein Gleichnis, als er den Samariter zu der Person macht, die dem verletzten Reisenden barmherzig gegenüber ist. Unser Nächster ist nicht nur die Person, mit der wir gut zurechtkommen!

Der barmherzige Samariter

„Ein Mann ging von Jerusalem nach Jericho hinab. Unterwegs wurde er von Räubern überfallen. Die nahmen ihm alles weg, auch seine Kleider, und schlugen ihn zusammen. Dann machten sie sich davon und ließen ihn halb tot liegen.

Nun kam zufällig ein Priester denselben Weg herab. Er sah den Verwundeten und ging vorbei. Genauso machte es ein Levit, als er zu der Stelle kam: Er sah den Verwundeten und ging vorbei. Aber dann kam ein Reisender aus Samarien dorthin. Als er den Verwundeten sah, hatte er Mitleid mit ihm.
Er ging zu ihm hin, behandelte seine Wunden mit Öl und Wein und verband sie. Dann setzte er ihn auf sein eigenes Reittier, brachte ihn in ein Gasthaus und pflegte ihn. Am nächsten Tag holte er zwei Denare hervor, gab sie dem Wirt und sagte: ‚Pflege den Verwundeten! Wenn es mehr kostet, werde ich es dir geben, wenn ich wiederkomme.'
Was meinst du: Wer von den dreien ist dem Mann, der von den Räubern überfallen wurde, als Mitmensch begegnet?"
Der Schriftgelehrte antwortete: „Der Mitleid hatte und sich um ihn gekümmert hat."
Da sagte Jesus zu ihm: „Dann geh und mach es ebenso." (Lukas 10,30–37)

Fragt die Gruppe:

- Gibt es in der Schule, zu Hause oder irgendwo sonst Leute, mit denen ihr es schwer findet zurechtzukommen?
- Wie solltet ihr sie nach der Geschichte behandeln?

JETZT KOMMST DU!

Was baut auf / Was zieht runter?
Bildet zwei Gruppen und gebt jeder Gruppe eine Stapel Papier und Stifte. Stellt die Gruppen jeweils an einem anderen Ende des Raumes auf. Bringt die Gruppen dazu, auf einzelne Blätter zu schreiben, durch welche Dinge gute, liebevolle Beziehungen aufgebaut werden, so wie „sich entschuldigen, wenn man Unrecht hatte", „zuhören", „anderen vergeben, wenn sie dich verletzt haben" usw.
Bringt jede Gruppe dazu, mit ihren Zetteln einen Weg (oder eine Brücke) zur anderen Gruppe zu bauen. Dort, wo die Wege sich treffen, sollen die Gruppen die Dinge vergleichen, die sie aufgeschrieben haben.

Gebt ihnen jetzt Zettel, die ihr vorher schon in Form von Bomben, Torpedos und Hämmern geschnitten habt. Schreibt jetzt Dinge darauf, die Beziehungen zerstören und legt sie um den Weg herum auf den Boden.

SPRICH MIT GOTT

Wenn ihr wollt, könnt ihr jetzt ein Gebet beten, das (im Sinn der Aktion) die „Brücken" stärkt und vor „Bomben" schützt. Zum Beispiel dieses alte Gebet, das Franz von Assisi zugeschrieben wird:

Herr, mache mich zu einem Werkzeug deines Friedens,
dass ich Liebe übe, wo man sich hasst,
dass ich verzeihe, wo man sich beleidigt,
dass ich verbinde, wo Streit ist,
dass ich Hoffnung erwecke, wo die Verzweiflung quält,
dass ich ein Licht anzünde, wo die Finsternis regiert,
dass ich Freude bringe, wo der Kummer wohnt.
Amen.

WAS DICH BETRIFFT

Was immer wir an Beziehungen bis heute vorangebracht oder kaputt gemacht haben, es hat nichts daran geändert, dass Gott uns liebt. Darum bekommt nun zum Abschluss jede und jeder (auch diejenigen, die am Anfang einen leeren Zettel abgegeben haben) ein Kärtchen. In Anlehnung an die Aktion am Anfang, schreibt nun jede/r eine E-Mail-Adresse darauf, die ausdrückt, wie Gott ist und wie er zu mir steht – was ihn also besonders ausmacht. Diese E-Mail-Adresse setzt sich zusammen aus dem Namen des Jugendlichen und gottliebtdich.de – also z. B. dieter.braun@gottliebtdich.de
Aktion zum Schluss: Die Gruppe stellt sich in eine Runde und allen werden die persönlichen E-Mail-Adressen als Segen zugesprochen.

WIE ES WEITER GEHT

Erinnert die Gruppe daran, sich in der nächsten Woche die Vorschläge auf dem Handout zum Nachdenken, Beten und Umsetzen durchzulesen.

TIMING

Leg gleich los!	10 Minuten
Weißt du noch?	5 Minuten
Was dich betrifft: Wer liebt dich?	10 Minuten
Was Sache ist: Gott liebt uns	5 Minuten
Jetzt kommst du! Liebt eure Feinde	10 Minuten
Jetzt kommst du! Was baut auf / Was zieht runter?	15 Minuten
Sprich mit Gott	5 Minuten
Was dich betrifft / Wie es weitergeht	5 Minuten

EINHEIT 13

MIT JESUS LEBEN – PRAKTISCH

Bearbeitung: Anke Schwarz

Was ihr braucht:

Je nach Leg gleich los-Aktion:

- Phase 10-Spiel
- Halli Galli-Spiel
- Monopoly-Geld (die 1er Scheine) oder selbst gemachtes Geld (so viel, dass jeder 20 Euro hat), einen großen Würfel
- Wer wird Millionär?-Quizbuch (o.ä.)
- langer, leichter Stock (z. B. Bambusstock oder ausgeklappter Zollstock) oder kleine Zettel und Stifte
- Flasche
- große Bögen Papier und dicke Filzstifte

UM WAS ES GEHT

Jesus hat zu dir ja gesagt und du hast das für dich entdeckt. Das verändert die Grundlage deines Lebens. Einige Verhaltensweisen und Gewohnheiten passen vielleicht nicht in dieses neue Leben mit Jesus. Heute wollen wir uns damit beschäftigen, wie dieser andere Lebensstil aussehen kann und wie wir gemeinsam diese Welt gestalten können.

Tipp: Grundsätzlich geht es in dieser Einheit um die Ethik, also wie Glaube praktisch wird. Ihr könnt hier den Schwerpunkt selbst mitgestalten. Wenn ihr das konkret am Umgang mit Geld tun wollt, dann könnte die zweite Version des "jetzt kommst du" hilfreich sein.

LEG GLEICH LOS!

Es gibt hier vier Möglichkeiten, in dieses Thema einzusteigen.
Sucht euch eine davon aus.

Phase 10

Ein Phase 10 Spiel verteilen. Karten mischen. Jeder Spieler erhält 12 Karten. Das Spiel geht nicht der Reihe nach und es gibt auch keinen Kartenstapel, sondern alle Karten (außer die Handkarten) liegen offen in der Mitte. Nun gibt es ein Startsignal. Alle können gleichzeitig Karten ablegen und aufnehmen. Wer zuerst 12 Karten in Folge hat, schreit laut: „ICH!"

Halli-Galli

Spielt Halli-Galli nach den üblichen Regeln.

Bankrott

Setzt euch in einen Kreis und gebt jedem 20 Euro Monopoly-Geld (oder selbstgemachtes Spielgeld) in 1-Euro-Scheinen. Jetzt würfeln alle der Reihe nach. Jede Zahl hat eine Regel, die man befolgen muss:

1 – 1 Euro in die Mitte legen, 2 – 2 Euro in die Mitte legen, 3 – 3 Euro in die Mitte legen, 4 – 4 Euro in die Mitte legen, 5 – 5 Euro in die Mitte legen, 6 – alles Geld aus der Mitte einsacken!

Spielt so schnell und wild ihr könnt, aber nur für eine festgelegte Zeit (z. B. 5 Min.). Verliert jemand all sein Geld und kann nicht mehr zahlen, wird er für bankrott erklärt und ist draußen. Wenn die 5 Minuten abgepfiffen werden, hat der oder die gewonnen, die das meisten Geld hat!

Wer wird Millionär

Besorgt euch ein *Wer wird Millionär*-Quizbuch oder -Spiel (oder ein anderes Quizbuch) und spielt das Spiel an eure Gruppe angepasst.

WEISST DU NOCH?

In der letzten Einheit drehte sich alles um das Leben mit den anderen. Könnt ihr euch daran erinnern, was wir uns vorgenommen haben? Vielleicht ist hier ein kurzer Erfahrungsaustausch mutmachend, um weiter an diesem Thema zu bleiben. Wo habt ihr Brücken zu anderen Menschen gebaut? Wo wurden die Brücken zerstört?

JETZT KOMMST DU!

Der schwebende Stock

Teilt die Teilnehmenden in zwei Gruppen und lasst sie sich einander gegenüber stellen. Alle Hände zeigen mit dem Zeigefinger auf den gegenüberstehenden Mitspieler. Die Hände müssen in einer Reihe nebeneinander gehalten werden (am besten im Reißverschlussverfahren). Auf alle ausgestreckten Zeigefinger der Hände legt der Spielleiter einen langen Stab. Der Stab sollte relativ leicht sein, bspw. ein Bambusstock oder ein ausgeklappter Zollstock und sollte auf alle Fälle festgehalten werden, bis die Aufgabe erklärt ist. Von nun an müssen alle Finger den Stab immer berühren. Die Aufgabe ist nun, den Stab auf den Boden zu legen. Wenn sich ein Finger vom Stab löst, muss wieder von vorn begonnen werden.

Interessant ist, dass der Stab immer weiter in die Luft geht, statt auf den Boden. Erst mit guten Absprachen und Strategien wird es möglich, den Stab auf den Boden zu legen. Lasst die Gruppe ihre eigene Strategie entwickeln. Erst wenn sie gar nicht weiterkommt, gebt ihnen ein paar Tipps (z. B. einer muss moderieren)!

Tipp: Wenn ihr sehr genau auf die Regeln achtet und die Teilnehmenden nach jedem Berührungsverlust von vorne beginnen lasst, kann das Spiel sehr lange dauern. Seid deswegen, wenn es zu lange dauert, nicht mehr ganz so streng.

Alternativversion zur Konkretion „Umgang mit Geld“:

Ausgeben! Ausgeben! Ausgeben!

Gebt jeder Person Zettel und Stift und erklärt ihnen folgende Aufgabe:

Du bekommst 10.000 Euro geschenkt – schreib auf, was du damit anstellst (In manchen Gruppen kann es Sinn machen, das zu zweit oder dritt zu überlegen).

Stellt euch anschließend gegenseitig eure Planungen vor! Ermuntert die Gruppe, ihre Listen zu diskutieren, z. B. über die Frage: Hast du das gesamte Geld nur für dich ausgegeben? Begründe deine Entscheidungen!

WAS DICH BETRIFFT

Um sich selbst drehen

Sprecht nun über eure Erfahrungen mit den Aktionen aus „Jetzt kommst du“. Lasst die Jugendlichen erzählen, wie sie das Spiel erlebt haben.

Bei der Aktion mit dem schwebenden Stock können euch folgende Fragen helfen:

- Wie habt ihr mit der Aktionen angefangen?
- Hat es von Anfang an geklappt? Warum, warum nicht?
- Wie habt ihr miteinander geredet?
- Ab wann hat die Aktion funktioniert? Was ist da passiert?
- Konnte sich jeder von euch einbringen mit seinen Ideen?

usw.

Vielleicht entdeckst du das auch: In dieser Welt geht es ganz stark um Leistung! Ob sportlicher Wettkampf, Style, Fernsehen oder Schule – schneller, besser, schöner, cooler, schlauer, … das zählt. Es geht viel darum, sich selbst zu vergleichen und ins rechte Licht zu rücken und um die Frage: Was leiste ich mir für mein Geld?

Doch kann es sein, dass man irgendwann schwindlig wird, wenn man sich nur um sich selbst dreht?

Astronautentraining

Spielt folgendes Spiel: Eine Jugendliche, ein Jugendlicher fasst sich mit dem Elefantengriff an die Nase und zeigt mit dem Zeigefinger in Richtung einer auf dem Boden stehenden Flasche. Um diese muss sie oder er so zehnmal herumlaufen, um dann einmal quer durch den Raum zu einem Ziel zu laufen. Am besten entfernt ihr vorher alle harten Gegenstände, die annähernd im Weg sein könnten.

Es passiert schnell, dass deine Welt beschränkt ist auf dich und dein Kreisen um dich selbst. Doch bei Gott geht es nicht darum, was du kannst und hast. Er steht zu dir – bedingungslos! Gott hat dich aus diesem Kreislauf befreit – dem Egoismus dieser Welt und deinem eigenen.
Gott stellt deine Füße auf weiten Raum (Psalm 31,9) – da ist viel Platz, den du nun erobern kannst. Damit machst du ganz neue und echte Erfahrungen, die dein Leben reich machen.

Dabei sagt Gott nicht: Jetzt gehörst du zu mir, also musst du jetzt dieses und jenes tun! Das hat Gott nicht nötig. Wir sind die Beschenkten und nicht Gott muss beschenkt werden. Gnade nennt sich das, unverdiente Zuwendung.

„Denn so sehr hat Gott diese Welt geliebt: Er hat seinen einzigen Sohn hergegeben,damit keiner verloren geht,der an ihn glaubt. Sondern damit er das ewige Leben erhält." (Johannes 3,16)

Für ihn zählt seine Liebe zu uns, und die ist es auch, die unser Leben prägt und unser Denken verändern kann. Das sichtbar werden zu lassen, was du selbst von ihm geschenkt bekommen hast, das ist deine Lebensaufgabe von Gott in dieser Welt.

Damit wir eine Ahnung haben, wie so ein veränderter Lebensstil aussieht, hat Gott uns eine Gebrauchsanweisung für unser Leben zur Verfügung gestellt. Vielleicht hast du davon schon einmal gehört.

JETZT KOMMST DU!

10 Gebote des Schöpfers
Fragt in die Runde, an wie viele der Zehn Gebote sich die Jugendlichen spontan erinnern können (Ihr könnt ihre Antworten auch auf ein großes Papier oder eine Flipchart schreiben).

Schaut euch gemeinsam die Liste aus 2. Mose 20,1–17 an. Ihr findet sie im Handout auf S. 58
Hier ist eine Zusammenfassung dieser Gebrauchsanweisung des Schöpfers:
Ich bin der Herr dein Gott, der dir alles gibt, was du zum Leben brauchst – vertrau mir! Weil ich der Herr, dein Gott, bin brauchst du nicht stehlen, ehebrechen, schlecht über andere reden,…

Die zehn Gebote (2. Mose 20,1–17)	Was das bedeutet
1. Ich bin der Herr, dein Gott! Ich habe dich aus Ägypten herausgeführt, ich habe dich aus der Sklaverei befreit. Du sollst keine anderen Götter neben mir haben.	**1. Mach Gott zur Nummer Eins in deinem Leben. Bete ihn an.**
2. Du sollst dir kein Gottesbild anfertigen. Mach dir überhaupt kein Abbild von irgendetwas im Himmel, auf der Erde oder im Meer. Wirf dich nicht vor fremden Göttern nieder und diene ihnen nicht. […]	**2. Lass nichts an Gottes Stelle treten.**
3. Du sollst den Namen des Herrn, deines Gottes, nicht missbrauchen; denn der Herr wird jeden bestrafen, der das tut.	**3. Benutze Gottes Namen nicht als Schimpfwort.**
4. Halte den Ruhetag in Ehren, den siebten Tag der Woche! Er ist ein heiliger Tag, der dem Herrn gehört.	**4. Nimm dir einen Tag pro Woche frei.**
5. Du sollst deinen Vater und deine Mutter ehren. Dann wirst du lange in dem Land leben, das dir der Herr, dein Gott, gibt.	**5. Respektiere deine Mutter und deinen Vater.**
6. Du sollst nicht morden.	**6. Bringe niemanden um.**
7. Du sollst nicht die Ehe brechen.	**7. Bleib deinem Ehepartner treu.**
8. Du sollst nicht stehlen.	**8. Klaue nichts.**
9. Du sollst nichts Unwahres über deinen Mitmenschen sagen.	**9. Lästere nicht über andere.**
10. Du sollst nicht versuchen, etwas an dich zu bringen, das deinem Mitmenschen gehört […]	**10. Sei nicht neidisch auf das, was andere Menschen haben.**

God gave Rules

Dieser Rap fasst die Zehn Gebote zusammen. Fragt, ob es jemanden gibt, der den Rap performen kann, auf deutsch oder auf englisch (Siehe Handout S. 59).

God gave rules for women and men This is how it goes from one to ten.	**Gott gab uns seine Gebote zu versteh'n, ich sag dir wie sie geh'n von eins bis zehn**
Do not worship anyone but me I alone your God will be.	**Bete niemand andres an als mich allein Denn ich will der einzige Gott für dich sein**
Don't make idols, images to praise What you make can't take my place.	**Mach dir kein Bild, vor dem du dich verbeugst All dieser Kram ist doch nur Spielzeug**
Keep my name a special one I am God the holy one.	**Zieh meinen Namen nicht in den Dreck Ich bin Gott, zeig mir Respekt**
One day a week you must keep free Save that day to worship me.	**Mach mal Pause, um Gottes willen Einen Tag pro Woche kannst du mit mir chillen**
Show respect! Love your mum and dad This will really make God glad.	**Lass uns alle unsere Eltern respektieren sonst wird die Gesellschaft nicht funktionieren**
Do not murder anyone or kill That would be against my will.	**Bring niemanden um, lass jeden am Leben Das wird am Ende auch dir Frieden geben**
Live your lives without adultery That sin breaks up families.	**Sei treu in deiner Ehe, auch wenn's machmal weh tut Sonst geht noch deine Familie kaputt**
Don't steal and take what isn't yours Pay attention to my laws.	**Fang nicht an zu stehlen, was dir nicht gehört, lass liegen Ich kann dir jetzt schon sagen, du wirst mächtig Ärger kriegen**
Never lie or say what isn't true I am God, I care for you!	**Hör auf zu lügen und zu lästern, zieh nicht über andre her Am Ende hast du selber vielleicht keine Freunde mehr**
Don't be greedy wanting all you see Show content not jealousy,	**Sei zufrieden und nicht neidisch, gönne jedem, was er hat Du brauchst nicht immer mehr und mehr, Hauptsache, du bist satt.**
God gave rules for women and men That's how it goes from one to ten.	**Gott gab uns seine Gebote zu versteh'n, ich sag dir wie sie geh'n von eins bis zehn**

Redet über Gottes Gebrauchsanweisung für unser Leben:
Macht klar, dass die Tipps dazu da sind, um uns zu helfen und frei zu machen, nicht um uns einzuschränken.

Gebt den Jugendlichen die Aufgabe, folgende Fragen zu diskutieren:

- Reichen diese zehn Gebote, um unser Leben zu meistern?
- Würdet ihr noch welche hinzufügen, wenn ihr sie schreiben dürftet? Welche genau?

Weiterführende Ideen
Die beiden folgenden Aktionen können euch helfen, noch tiefer in das Thema einzusteigen und das Verständnis für die Zehn Gebote zu erhöhen:

- Sprecht über die Konsequenzen, wenn wir die Gebote ins Gegenteil verkehren würden! (z. B. Stehle, was das Zeug hält!). Schreibt diese zehn „Anti-Gebote" auf und besprecht die Frage: „Würde ich in solch einer Welt leben wollen?" Im Handout auf S. 60 ist dafür Platz.
- Schreibt die Gebote auf Holzklötze und sortiert sie z. B. nach Wichtigkeit, Erfüllbarkeit oder danach, wie zeitgemäß sie sind.

SPRICH MIT GOTT

Die Entscheidung, mit Jesus unser Leben zu gestalten, birgt viele Herausforderungen. Es ist nicht immer leicht, aber Jesu Liebe wird in dieser Welt auch durch uns sichtbar!

Gemeinsam wollen wir ein Gebet sprechen:

Wir danken dir Jesus, dass du uns kennst und lieb hast.
Du hast uns so reich beschenkt und das wollen wir mit anderen teilen.
Deinen Segen wollen wir in dieser Welt spürbar werden lassen.
Hilf uns, dass wir immer wieder erkennen, was das Richtige ist.
Danke, dass du uns dabei nicht allein lässt.
Amen.

Sprecht den Jugendlichen folgendes Spruch zu:
Viele kleine Leute,
an vielen kleinen Orten,
die viele kleine Schritte gehen,
können das Gesicht der Welt verändern.
(afrikanisches Sprichwort)

WAS SACHE IST

Gott schenkt dir einen neuen Blick auf die „Gesetze" dieser Welt. Du kannst anders leben! Inspiriert oder begeistert, weil Gott dich beschenkt. Du kannst in diese Welt hineinwirken!

WIE ES WEITER GEHT

Fordert die Jugendlichen auf, in dieser Woche einmal darauf zu achten, ob es Gebote gibt, die sie leicht einhalten und ob es andere gibt, die ihnen schwer fallen. Fordert sie heraus herauszufinden, ob es Bereich in ihrem Leben gibt, die sie aufgrund der Zehn Gebote eigentlich ändern sollten.

TIMING

Leg gleich los!	15 Minuten
Weißt du noch?	5 Minuten
Jetzt kommst du!	15 Minuten
Was dich betrifft! (Inkl. Aktion)	15 Minuten
Jetzt kommst du! 10 Gebote des Schöpfers	15–20 Minuten
Sprich mit Gott	5 Minuten
Was dich betrifft / Wie es weitergeht	5 Minuten

EINHEIT 14

DEN GLAUBEN WEITERGEBEN

Bearbeitung: Claus Hassing

Was ihr braucht:

Je nach Leg gleich los-Aktion:
- zwei lustige Gegenstände für das „Leg gleich los!"-Spiel;
- 10 Karten mit Oberbegriffen und Stichworten für das „Leg gleich los!" –Spiel
- Bild, Papier, Stifte und Augenbinde
- Süßigkeiten
- mindestens 50 Dominosteine (oder große Jenga-Hölzer)
- Kopien für jeden „Gebetskärtchen" (findet ihr als Kopiervorlage im Anhang auf S. 190 oder auf der beiliegenden CD-Rom)
- mehrere große Plakatbögen und Eddings
- konkrete Angebote, wie es nach dem Kurs weitergehen kann; Flyer für Veranstaltungen…

UM WAS ES GEHT

Christ sein bedeutet auch, in der Lage zu sein, anderen etwas über seinen Glauben zu erzählen. Wir wissen von Gottes Liebe in Jesus, weil jemand seinen Glauben mit uns geteilt hat. Damit wir unseren Glauben auch mit anderen teilen können, ist es wichtig, das warum, was und wie zu klären. Darum geht's!

WARUM
- weil der Glaube kein Privatbesitz ist sondern Gottes Geschenk an alle Menschen

WAS

➡ die gute Nachricht von Gottes Liebe zu uns Menschen und meine persönliche Geschichte mit ihm

WIE

➡ ehrlich, authentisch, ungezwungen

LEG GLEICH LOS!

Spiel „Doh & Wuh"

Die Gruppe sitzt im Kreis. Es gibt zwei verschiedene (lustige) Gegenstände. Der erste Gegenstand wird vom Spieleiter an die Person rechts neben ihm mit folgenden Worten weitergegeben: „Das ist ein DOH!" Die Angesprochene fragt zurück: „Ein was ist das?" Der Spielleiter antwortet: „Ein DOH!" Dann gibt die angesprochene Person den Gegenstand an den rechten Nachbarn weiter mit den Worten: „Das ist ein DOH!" Der jetzt Angesprochene fragt zurück: „Ein was ist das?" Die Frage wird nach links bis zum Spielleiter zurückgefragt: „Ein was ist das?" Der Spielleiter antwortet: „Ein DOH!" Diese Antwort wird nach rechts weitergesagt, bis sie bei der Person, die den Gegenstand in der Hand hält, angekommen ist. Dann wird der Gegenstand nach rechts weitergegeben und der Ablauf wieder holt sich.

Wenn der erste Gegenstand bei der vierten Person nach rechts angekommen ist, wird der zweite Gegenstand vom Spielleiter nach links gegeben mit den Worten: „Das ist ein WUH!" Wieder fragt die linke Person zurück: „Ein was ist das?" Der Spielleiter antwortet: „Ein WUH!" Der Ablauf wiederholt sich wie auf der rechten Seite. Irgendwann überkreuzen sich die Gegenstände: dann ist höchste Konzentration gefragt.

Aussage:

Weitersagen gelingt, wenn ich mich ganz auf die Person neben mir konzentriere!

Spiel „Klare Worte"

Eine Person aus der Gruppe erhält eine Karte mit einem Oberbegriff (z. B. Emmaus) und zehn Stichworte (Glaube – Jesus – Mensch – Gott – Bibel – Kurs – Treffen – Spiele – Essen – Gemeinde) oder als Oberbegriff „Schule" und als Stichworte: Lehrer, Schüler, Aula, Essen, Unterricht, Sport, Ferien, Freunde, Bus, Rucksack. Die Person muss den Oberbegriff erklären – darf aber keines der zehn Stichworte verwenden. Der Spielleiter kontrolliert die Begriffe.

Die Gruppe muss den Begriff erraten.

Ihr solltest mindestens 10 Karten vorbereitet haben. Vielleicht bieten sich die Inhalte der vergangenen Einheiten für die Karten an. Oder ihr nehmt Begriffe aus dem Alltag der Jugendlichen.

Aussage:
Es kommt auf die richtigen Worte an!

Spiel „Faxgerät"
Die Gruppe wird in Kleingruppen eingeteilt. Pro Gruppe vier Personen. Die vier Personen sitzen in einer Reihe hintereinander. Die erste und die letzte Person haben die Augen offen – alle anderen müssen die Augen verbinden. Die erste Person bekommt ein Bild gezeigt. Dieses Bild muss nur mit Worten der zweiten Person beschrieben werden. Diese beschreibt das Bild der dritten Person. Die dritte Person beschreibt das Bild der letzten Person. Die letzte Person malt das Bild nach der übermittelten Vorgabe. Die letzte Person darf Rückfragen stellen – diese müssen ebenfalls durch die „Leitung" (dritte und zweite Person) durchgesagt werden. Am Ende wird das Original mit dem Fax verglichen.

Aussage:
Damit die Botschaft ankommt, muss klar sein, wovon gesprochen wird!

WEISST DU NOCH?

Erinnert daran, dass es bei den letzten drei Treffen darum ging, wie unser Glauben unseren Lebensstil prägt. Wie wir leben und handeln, zeigt anderen Menschen, dass wir Christen sind.
Jetzt soll es darum gehen, wie wir anderen Leuten von unserem Glauben erzählen können – mit Worten.
Das Treffen heute ist etwas kürzer geplant als die anderen – weil es das letzte des Kurses ist. Damit bleibt am Ende noch Zeit für einen kleinen Rückblick. Achtet darauf, dass ihr am Ende genug Zeit zum „Danke" sagen habt. Nehmt euch am Ende auch Zeit, um füreinander und die Gemeinde zu beten.

JETZT KOMMST DU!

Teilen!
Jesus lädt uns ein, die gute Nachricht vom Reich Gottes mit anderen Menschen zu teilen. Sie ist einfach zu gut, um sie für sich zu behalten.
Unterhaltet euch kurz über folgende Aussagen (Vielleicht könnt ihr während dieser Runde Süßigkeiten herumgehen lassen. Das versüßt die Gesprächsrunde und macht das Teilen ganz praktisch):

- Jesus sagt: „Geht nun hin zu allen Völkern und macht die Menschen zu meinen Jüngern und Jüngerinnen." (Matthäus 28,19)
- „Hört das Wort aber nicht nur an, sondern setzt es auch in die Tat um" (Jakobus 1,22)
- Johannes und Petrus sagen: „Wir können doch nicht verschweigen, was wir gesehen und gehört haben." (Apostelgeschichte 4,20)
- „Seid immer bereit, Rede und Antwort zu stehen, wenn jemand fragt, warum ihr so von Hoffnung erfüllt seid." (1. Petrus 3,16, GNB)

Gebt allen Teilnehmern einen Zettel und Stift und bittet sie, die eine Sache aufzuschreiben, von der sie sich wünschen, dass ihre Freunde sie über Gott wissen.
Legt die Zettel auf den Boden und mischt sie. Jetzt darf jede/r sich einen Zettel aussuchen und vorlesen was darauf steht.

WAS DICH BETRIFFT

Erzählstunde
Alle Christen haben zwei große Geschichten zu erzählen:

Gottes Geschichte – Gottes Beziehungen und Umgang mit den Menschen seit Beginn der Menschheit. Wir nennen das „Evangelium", was so viel bedeutet wie „gute Nachricht".
Meine Geschichte – wie Gott sich in meinem Leben gezeigt hat, wie ich darauf reagiert habe und was sich seit dem verändert...

Teilt die Gruppe in Zweier-Paare ein (Es ist wichtig, dass jede/r mit jemandem zusammen ist, mit dem er oder sie sich wohl fühlt). Ermutigt die Jugendlichen über den Emmaus-Kurs bis jetzt nachzudenken und einander zu erzählen:

- Wie sie „das Evangelium", die gute Nachricht von Gottes Liebe, für sich heute zusammenfassen würden
- Ob sie heute Dinge anders sehen als vor dem Kurs und wie das passiert ist
- Ob andere an ihnen eine Veränderung bemerkt haben und welche Veränderung das ist

Wenn sie sich trauen, sollen einige ruhig der ganzen Gruppe erzählen, was sie als Paare besprochen haben.
Das ist auch ein guter Moment für einen der Leiter, seine eigene Geschichte mit Gott zu erzählen.

Erklärt den Teilnehmern, dass sie jetzt die Möglichkeit bekommen zu üben, was sie sagen wollen, wenn jemand, der kein Christ ist, sie fragt, was es mit ihrem Glauben auf sich hat. Ermutigt sie dabei ganz entspannt und natürlich zu bleiben und beim „Weitergeben" Worte zu benutzen, die sie auch normalerweise benutzen.

Folgende Beispiele könnt ihr in den Zweier-Gruppen aufnehmen und weiterspielen:
- Dein Klassenkamerad kommt in der Pause auf dich zu, und fragt dich: „Du gehst doch zu diesem Emmaus-Kurs! Um was geht's denn da?"
- Du liest im Bus die Bibel und wirst von deinem Sitznachbarn darauf angesprochen. Er kann dich kritisch ansprechen oder auch ganz interessiert.
- In der Gemeinde findet ein Jugendgottesdienst statt. Du willst eine Freundin / einen Freund dazu einladen, mit der / dem du im Sportverein bist.

Tipp: Stell dir als Mitarbeiterin und Mitarbeiter selber folgende Fragen. Sie machen es dir vielleicht leichter zu erkennen, was du genau anderen weitergeben willst:
- Wann war dir zum ersten Mal bewusst, dass es Gott gibt?
- Wann war Gott für dich am realsten?
- Auf welche Art und Weise hast du auf Gott reagiert?
- Welchen Unterschied macht es in deinem Leben, dass du Christ bist?

Diese drei Tipps helfen dir, wenn du anderen von deinem Glauben erzählen willst:
- Anderen Leuten von deinen Glauben an Jesus zu erzählen, ist Teil von deiner eigenen Reaktion auf das, was Gott für dich getan hat. Also lass Gott auch mit dabei sein! Bitte ihn dir zu helfen. Bitte ihn deine Worte und Taten zu führen.

- Sei du selbst vor deinen Freunden. Du brauchst dich nicht verstellen. Deine Geschichte, deine Schwächen und deine Ehrlichkeit sind gut genug für Gott. Versuch nicht dich hochzuspielen und jemand zu sein, der du nicht bist.
- Die christliche Botschaft ist eine „gute Nachricht". Also gib sie auch aus einer guten Motivation heraus weiter: aus Freundschaft, oder weil sie dem anderen helfen kann. Sei einfühlsam mit anderen.

Domino-Aktion

Als Beispiel könnt ihr mit Dominosteinen eine Kettenreaktion aufbauen. Fangt mit einem Stein an und baut sie so auf, dass sich die Dominosteine wie ein Fächer immer mehr in die Breite ziehen. Nehmt mindestens 50 Steine, damit es anschaulich wird. Wenn dann der erste Stein angestoßen wird, fallen die nächsten Steine nacheinander um – ABER: im Normalfall bleiben immer auch welche stehen (beim Aufbau darauf achten!).

Das verdeutlicht die Geschichte der Guten Nachricht sehr gut: sie wird von Mensch (Dominostein) zu Mensch weitergegeben: aber nicht jeder nimmt das Evangelium für sich persönlich an.

WAS SACHE IST

Wir wissen von Gottes Liebe in Jesus Christus, weil jemand uns irgendwann von seinem Glauben erzählt hat. Andere Menschen werden auch nur etwas über den christlichen Glauben erfahren, wenn wir unseren Glauben mit ihnen teilen. Letztlich fällt die Entscheidung darüber, ob sie glauben oder nicht, zwischen ihnen und Gott, aber wir können alle etwas dazu beitragen, die Geschichte bekannt zu machen.

SPRICH MIT GOTT

Fragt die Jugendlichen: Gibt es eine Sache, von der du dir wünschst, dass die anderen dafür beten?

Ladet die Jugendlichen ein, laut für sich und einander zu beten.

Schließt das Gebet, in dem ihr Gott für den Kurs und jeden einzelnen Teilnehmer namentlich dankt.

Bittet jeden aus der Gruppe, auf das Gebetskärtchen den Namen einer Person aufzuschreiben, die kein Christ ist und für die sie gerne beten würden. Beim folgenden Gebet sollen sie konkret an diese Person denken. Das Gebetskärtchen können die Jugendlichen mit nach Hause nehmen und auch die nächsten Tage für die Person beten.

Ein Gebet über das Weitergeben vom Glauben
Lieber Gott,
danke für die gute Nachricht, dass du uns gemacht hast
und die Ewigkeit mit uns verbringen willst.
Danke, dass du, obwohl wir gegen dich rebelliert haben,
Jesus gesandt hast, um uns deine große Liebe zu zeigen.
Wir loben dich dafür, dass Jesus am Kreuz für uns gestorben ist,
um uns vor unseren Sünden zu retten.
Hilf uns, dich an die erste Stelle unseres Lebens zu setzen.
Bitte gib uns den Mut, unseren Glauben mit anderen zu teilen.
Und hilf uns, besonders unseren Freunden die gute Nachricht
von deiner Liebe weiterzuerzählen.
Amen.

Beendet das Gebet mit der Bitte um Gottes Segen.

JETZT KOMMST DU!

Zu guter Letzt ...
Gott schenkt dir einen neuen Blick auf die „Gesetze" dieser Welt. Du kannst anders leben! Inspiriert oder begeistert, weil Gott dich beschenkt. Du kannst in diese Welt hineinwirken!

WIE ES WEITER GEHT

Macht einen Doppelpunkt hinter den Kurs und nehmt euch Zeit für einen Rück- und Ausblick.
Lasst die Teilnehmenden zunächst den Kurs bewerten. Legt dazu einen großen Plakatbogen aus, auf dem ihr in einer Tabelle die wichtigsten Charakteristika des

Kurses aufschreibt, wie z. B.: Die Themen, die Atmosphäre, das Essen, die Aktionen, das Handout, die Leitung usw. Hinter den Themen sind dann verschiedene Spalten wie z. B.: Sehr gut, gut, okay, schlecht. Teilt den Jugendlichen bunte Klebepunkte aus und verlasst für ein paar Minuten den Raum, damit sie die Themen und Charakteristika in Ruhe bewerten können.

Daneben könnt ihr weitere Plakatbögen mit folgenden Fragen auslegen:
- Was war das Beste am Emmaus-Kurs?
- Was war das Schwierigste?
- Welches Thema interessiert euch noch am christlichen Glauben?
- Wie wünscht ihr euch, dass es nach dem Kurs weitergeht?

Die Jugendlichen können mit Stiften einfach aufschreiben, was ihnen wichtig ist.

Erklärt den Jugendlichen, dass sie bis hierher einen wichtigen Weg zurückgelegt haben. Für jeden wird es auf jeden Fall ganz persönlich weitergehen – weil Gott mit ihnen weitergeht.

Klärt mit den Jugendlichen die weiteren Möglichkeiten:
- jede/r hat die Möglichkeit an dieser Stelle auszusteigen
- jede/r hat die Möglichkeit zu pausieren
- jede/r hat die Möglichkeit aktiv weiterzugehen

Wenn ihr als Leiter/in des Kurses auch für weitere Treffen zur Verfügung steht, überlegt euch, wie das „aktiv weitergehen" bei euch aussehen kann. Möglichkeiten können sein:
- lockeres Treffen mit Essen, Trinken & Austausch
- Bibellesegruppe
- Jugendkreis
- Jugendhauskreis
- Jugendgottesdienst
- Emmaus-Abschluss-Gottesdienst

Achtet darauf, dass die Möglichkeiten für euch als Mitarbeitende durchführbar sind, ohne eine Überforderung zu werden. Möglicherweise ist die Beziehung (persönliche Anteilnahme, Nachfragen, Treffen in der Freizeit) zu den Jugendlichen hier mehr gefragt als eine Veranstaltung. Auch die Einführung in weitere Angebote eurer Gemeinde (Gottesdienst, Freizeiten, Schulungen) kann hier Möglichkeiten eröffnen.

Verabschiedet die Jugendlichen herzlich. Dankt ihnen für ihr Vertrauen, gratuliert ihnen, dass sie den ganzen Kurs mitgemacht haben und wünscht ihnen alles Gute für die Zukunft.

Tipp: Parallel zu diesem Kurs erscheint mit **EMMAUS: auf dem weg mit gott begleiten** ein weiterer Kurs für Jugendliche. Er wendet sich an junge Christinnen und Christen ab 16 Jahren, die auf ihrem Weg mit Gott bereits ein paar Schritte weiter sind und die ihre Freunde auf dem Weg des Glaubens begleiten wollen.
Er hilft ihnen, sprachfähig zu werden, was ihren Glauben betrifft, ihr Beziehungsnetzwerk zu entdecken, für ihre Freunde zu beten und den Glauben zum Thema zu machen.
EMMAUS: auf dem weg mit gott begleiten ist darüber hinaus das perfekte Schulungsmaterial für diejenigen, die zu Wegbegleitern bei **EMMAUS: dein weg mit gott** werden möchten. Sie lernen, anderen bei den ersten Schritten ihres Glaubens zu helfen. Falls also einige der Jugendlichen Lust haben, noch mehr zu entdecken oder gar selbst beim nächsten EMMAUS – Kurs mitzuhelfen, dann ist **EMMAUS: auf dem weg mit gott begleiten** genau das richtige.

TIMING

Leg gleich los!	10 Minuten
Weißt du noch?	2 Minuten
Jetzt kommst du! Teilen!	15 Minuten
Was dich betrifft: Erzählstunde und Dominoaktion	20 Minuten
Was Sache ist	5 Minuten
Sprich mit Gott	5 Minuten
Jetzt kommst du! Zu guter Letzt	15 Minuten

GOTTESDIENST 3

GOTTESDIENST „BESTÄRKEN" LUKAS 24,30–36

Entwickelt von Dieter Braun, Gottfried Heinzmann und Alexander von Wascinski

VORAUSGEHENDE EINHEITEN

11 Dein Reich komme – Gottes Prioritäten für diese Welt
12 Deine Beziehung zu anderen
13 Mit Jesus leben – praktisch
14 Den Glauben weitergeben

VORBEREITUNG DES GOTTESDIENSTES

Wegweiser

Jeweils ein Plakat pro Einheit mit Bildern oder Symbolen, die an das erinnern, was in den Einheiten geschehen ist, werden von den Mitarbeitern alleine oder mit den Teilnehmenden gemeinsam vorbereitet und im Gottesdienstraum aufgestellt. Sie werden jeweils als Wegweiser gestaltet und führen in den Raum hinein, in dem der Gottesdienst stattfindet. Am Ende steht ein Plakat mit einem Wegweiser, das noch nicht gestaltet ist und aus dem Gottesdienstraum heraus zeigt.

Stationen vorbereiten

Station 1 – wer mit Jesus lebt, verändert sich: Für jeden Teilnehmenden 3 Bilder von Alltags-Orten, Vorlage von „EMMAUS – DEIN WEG" inkl. Vers und Impulsen (befindet sich als Kopiervorlage im Anhang auf S. 191 und zum Ausdrucken auf der beiliegenden CD-Rom) für jeden Teilnehmer / jede Teilnehmerin kopieren oder ausdrucken, Stifte bereitlegen

Station 2 – Wer mit Jesus lebt, erzählt anderen davon: Bibelvers und Impulse zum Nachdenken (befindet sich als Kopiervorlage im Anhang auf S. 192 und zum Ausdrucken auf der beiliegenden CD-Rom) für jeden Teilnehmer / jede Teilnehmerin kopieren oder ausdrucken, Stifte bereitlegen
Station 3 – Bild des Blob-Trees inkl. Vers und Impulsen (befindet sich als Kopiervorlage im Anhang auf S. 193 und zum Ausdrucken auf der beiliegenden CD-Rom) für jeden Teilnehmer / jede Teilnehmerin kopieren oder ausdrucken, Stifte bereitlegen
Station 4 – Richtig-wichtig-Buch, bunte Stifte (kann von den letzten Gottesdiensten übernommen werden)

Weiteres Material
Für den Abschluss: Gebet für jeden ausdrucken (befindet sich als Kopiervorlage im Anhang auf S. 194 und zum Ausdrucken auf der beiliegenden CD-Rom), kleines Holzkreuz für jeden besorgen.

DURCHFÜHRUNG DES GOTTESDIENSTES

Zielgedanke
Mein Weg mit Gott geht weiter. Er führt zurück in die Herausforderungen meines Alltags. Ich vertraue darauf, dass Jesus mitgeht und mich begleitet.

Teil 1: Anfangen

Lieder und Gebete je nach Gruppe auswählen und den Anfangsteil des Gottesdienstes gestalten.

Die gesamte EMMAUS-Geschichte in zwei Abschnitten vorlesen:
Abschnitt 1: Lukas 24,13–29 (Sprecher 1) (vgl. Gottesdienst 1+2)
Abschnitt 2: Lukas 24,30–36 (Sprecher 2)

30 Dann, nachdem er sich mit ihnen zum Essen niedergelassen hatte, nahm er das Brot
und sprach das Dankgebet. Er brach das Brot in Stücke und gab es ihnen. 31 Da fiel es
ihnen wie Schuppen von den Augen und sie erkannten ihn. Im selben Augenblick ver-
schwand er vor ihnen. 32 Sie sagten zueinander: „War unser Herz nicht Feuer und Flam-
me, als er unterwegs mit uns redete und uns die Heiligen Schriften erklärte?" 33 Und
sofort sprangen sie auf und liefen nach Jerusalem zurück. Dort fanden sie die elf Jünger
beieinander, zusammen mit allen anderen, die zu ihnen gehörten. 34 Die Jünger riefen
ihnen zu: „Der Herr ist wirklich auferstanden! Er hat sich Simon gezeigt!" 35 Da erzählten

die beiden, was sie unterwegs erlebt hatten und wie sie den Herrn erkannten, als er das Brot in Stücke brach. 36 Während sie noch redeten, stand der Herr plötzlich mitten unter ihnen. Er sagte: „Friede sei mit euch!"

Teil 2: Zur Mitte finden

Lied, das hilft, zur Ruhe zu finden und auf Gott zu hören.

Predigt
Wir sind am Ende des EMMAUS-Kurses, aber dein Weg mit Gott geht weiter. Er führt zurück an die Orte, an denen du vorher schon deinen Alltag gelebt hast.

1) Wer mit Jesus lebt, verändert sich
Als die beiden Jünger kapiert hatten, dass Jesus sie die ganze Zeit begleitet hatte und dass er auferstanden ist, gab es kein Halten mehr: *„Und sofort sprangen sie auf."* Im Rückblick sagen sie: *„Brannte nicht unser Herz?"* Die Begegnung mit dem auferstandenen Jesus hat sie verändert. Sie wissen – er ist dabei. Sie glauben – er ist wahrhaftig auferstanden. Sie hoffen – er wird mein Leben und diese Welt verändern.
Wenn du den EMMAUS-Weg bis hierher mitgegangen bist und gemerkt hast: Dieser Jesus ist kein toter Märchenerzähler, sondern der auferstandene Sohn Gottes, dann hat das Auswirkungen. Dann weißt du: Er ist da. Jetzt in diesem Augenblick. Er begleitet dich. In deinem Alltag. Er verändert dich. In der Kraft seiner Auferstehung. „Der Herr ist auferstanden" – das verändert deine Situation.

Wie könnte das bei dir aussehen:
- Was wird sich verändern, weil du dich veränderst?
- Wo sagst du für dich – das will ich in meinem Leben anders haben?
- Welches Ziel willst du verfolgen?

2) Wer mit Jesus lebt, erzählt anderen davon
Die beiden Jünger rennen zurück nach Jerusalem. Zwei Stunden Weg liegen vor ihnen. Und dann geht es noch bergauf. Die Jünger haben verstanden, worum es geht. Sie laufen nicht mehr planlos durch die Gegend, sondern haben ein Ziel. Sie wollen ihren Kumpels zu erzählen, was sie erlebt haben. Die Begegnung mit dem auferstandenen Jesus setzt sie in Bewegung.
Über was die beiden auf dem Weg zurück nach Jerusalem wohl geredet haben? Sie reden nicht mehr vom Tod, sondern vom Leben. Sie reden nicht mehr von der Angst, sondern von der Freude. Sie reden nicht mehr von Frustration und Enttäuschung, sondern vom Lachen und Feiern. Das wollen sie nicht für sich behalten. Das sollen

auch die anderen erfahren: *„Da erzählten die beiden, was sie unterwegs erlebt hatten und wie sie den Herrn erkannten…" (Lukas 24,35)*
Wie könnte das in deinem Leben aussehen? Was müssten die Menschen an deinen Alltagsorten erfahren, um zu verstehen, was dir auf dem EMMAUS-Weg wichtig geworden ist? Was möchtest du ihnen unbedingt sagen oder zeigen?
Als Christen sind wir nicht die Endverbraucher der Liebe und der Hoffnung Gottes. Wir geben weiter, was er uns gegeben hat. Wir nehmen einander an, wie er uns angenommen hat. Wir vergeben, wie er uns vergeben hat.

3) Wer mit Jesus lebt, glaubt nicht alleine
Den beiden Jüngern war klar, wo sie die anderen finden, die auch an Jesus glauben. Sie gehen nach Jerusalem: *„Dort fanden sie die elf Jünger beieinander, zusammen mit allen anderen, die zu ihnen gehörten."* Sie müssen nicht lange suchen. Sie wissen, wo die anderen sind, die auch zum Freundeskreis Jesu gehören. Bevor sie überhaupt den Mund aufmachen, wird es ihnen entgegengerufen: *„Der Herr ist wirklich auferstanden."* Sie finden andere, die ihren Glauben, ihre Liebe, ihre Hoffnung mit ihnen teilen.
Wo findest du ein Zuhause für deinen Glauben und dein „brennendes Herz"? Wo wird die Gemeinschaft der Jüngerinnen und Jünger Jesu für dich erlebbar? In einer Gemeinde?
Wer an Jesus glaubt, braucht die Gemeinschaft mit anderen. Allein gehst du ein. Das gilt auch für den Glauben. Deshalb wollen wir auch zum Abschluss des Kurses überlegen: Wie kann der Weg mit Gott für dich so weitergehen kann, dass es für dich passt?

Lied, das hilft, auf das in der Predigt Gehörte zu antworten

Teil 3: Weitergehen

Übergang zu den Stationen. Die Schritte der Predigt werden in den Stationen aufgenommen: Wer mit Jesus lebt, verändert sich. Wer mit Jesus lebt, erzählt anderen davon. Wer mit Jesus lebt, glaubt nicht allein.
Erklärt die Stationen. Evtl. ist es hilfreich, jeweils eine kurze schriftliche Anweisung zu den einzelnen Stationen zu legen.

Station 1 – Wer mit Jesus lebt, verändert sich
Erinnerung an den ersten Gottesdienst: 3 Bilder von deinen Alltags-Orten wie am Anfang – (Bushaltestelle, Schule, Ausbildungsplatz, Zimmer, Sportplatz, Treffpunkt im Park / Tankstelle, Lidl ...). Du kannst sie wieder auf ein Blatt aufkleben – deine Welt. Beantworte für dich die Fragen auf der Blattvorderseite.
„Brannte nicht unser Herz … Und sofort sprangen sie auf." (Lukas 24,32f)

- „EMMAUS – DEIN WEG" und die Bilder deiner Alltagsorte – du hast alles vor Augen
- Welchen Menschen wirst du begegnen? Schreibe die Namen neben die Bilder.
- Welche Situationen stellst du dir vor? Was ist schwierig? Male einen Blitz oder ein anderes Symbol an diese Stelle.
- Wo möchtest du etwas verändern? Wie könnte dies geschehen?

Station 2: Wer mit Jesus lebt, erzählt anderen davon
Lies den Vers noch mal und folge den Punkten darunter.
„Da erzählten die beiden, was sie unterwegs erlebt hatten und wie sie den Herrn erkannten…" (Lukas 24,35)

- Stelle dir eine Situation in deinem Alltag oder eine Person vor.
- Überlege dir: Was würde ich in dieser Situation oder dieser Person als Erfahrung von meinem Emmaus-Weg gerne sagen?
- Schreibe es in die Sprechblase.

Station 3: Wer mit Jesus lebt, glaubt nicht alleine
Lies den Vers noch mal und folge den Punkten darunter.
„Dort fanden sie die elf Jünger beieinander, zusammen mit allen anderen, die zu ihnen gehörten."

- Schaue das Bild mit dem Blob-Tree an und stelle dir vor: Du könntest wie die beiden EMMAUS-Jünger zu anderen dazugehören, die auch an Jesus glauben. Ihr seid eine große Gemeinschaft. Wo wäre dein Platz?
- Überlege dir: Wo findest du ein Zuhause für deinen Glauben und dein „brennendes Herz"? Wo wird die Gemeinschaft der Jüngerinnen und Jünger Jesu für dich erlebbar? Wo ist deine Gemeinde?
- Was oder wer kann dir helfen, solch einen Ort zu finden?

Station 4: Richtig-wichtig-Buch auslegen
(Blanko-Buch mit Aufschrift versehen, bunte Stifte bereitlegen), daneben Beschreibung: „Schreibe in das Buch, was für dich auf dem Emmaus-Weg wichtig ist."

Gebet:
Bild „Meine Welt", Sprechblase und Blob-Tree in die Mitte (auf den Altar) legen. Dann im Kreis bzw. Halbkreis Gruppe aufstellen und gemeinsam beten:

Herr, wir stehen vor dir.
Wir sind einen gemeinsamen Weg gegangen.
Du warst auf diesem Weg dabei – jeden Augenblick.
Wir haben dich kennen gelernt.

Wir haben mit dir geredet.
Wir haben unser Leben für dich geöffnet.
Wir gehen jetzt weiter. Und du bleibst bei uns.
Wohin wir auch gehen.
Danke!
Amen.

Lied mit Segensbitte

Segen
Geschenk für jeden Teilnehmenden vorbereiten: Kleines Holzkreuz zum Umhängen oder in die Hosentasche stecken.
Lukas 24,36 lesen: *„Während sie noch redeten, stand der Herr plötzlich mitten unter ihnen. Er sagte: „Friede sei mit euch!"* – dann Zuspruch für jeden einzelnen: „Jesus bleibt bei dir. Er ist dein Friede!" Dann Kreuz überreichen oder umhängen.

Abschluss mit Segenskreis: Stellt euch in einen Kreis auf und fasst euch an den Händen. Fasst euch so an, dass die linke Hand nach oben geöffnet ist und die rechte Hand nach unten, als Zeichen dafür, dass jeder Segen empfängt und auch weitergibt. Sprecht den Teilnehmenden dann den Segen Gottes zu:

Der Friede Gottes,
der größer ist als unser Denken erfassen kann,
bewahre dich, wo auch immer du hingehst.
Amen.

ZUSATZ-EINHEIT

EWIGES LEBEN – WAS PASSIERT, WENN ICH STERBE?

Entwickelt von Jörg Kresse

Was ihr braucht:

- Leere Karteikarten und Stifte für Leg gleich los!
- Evtl. Liedtext: Tears in heaven (und das Lied zum Vorspielen von CD oder mp3)
- Din A4-Papier für die Beerdigungsrede
- Memory-Karten (Kopiervorlage)
- Interview mit Thea Eichholz-Müller
- Wer mit Symbolen arbeiten möchte: Rose von Jericho und heißes Wasser. Vertrocknete Rose einfach bei „Leg gleich los" ins warme Wasser legen und am Ende der Einheit das „Wunder des Lebens einer toten Pflanze" ansehen.

UM WAS ES GEHT

Hat der Tod das letzte Wort oder geht es danach weiter? Jeder Mensch steht je nach Lebenssituation unterschiedlich nah oder fern am Thema Tod und Sterben. Wenn ein Mensch eine Antwort auf seine Frage nach dem Tod hat, wird dieses Konsequenzen auf sein Leben hier und jetzt haben.

LEG GLEICH LOS!

Suche dir eine der beiden Einstiegsoptionen aus.

Träume – Hoffnungen – Wünsche – Sehnsüchte

Die Jugendlichen sollen auf beliebig viele Karteikarten Träume, Hoffnungen, Wünsche und Sehnsüchte schreiben. Pro Karteikarte einen Traum, Wunsch ... Anschließend werden sie vorgelesen und nebeneinander auf den Tisch oder Boden gelegt. Vergleichbare Begriffe können gleich zusammen gelegt werden. Nun kann die Gruppe miteinander die Begriffe ordnen (z. B. nach Bezahlbarkeit, Größe, möglicher Realisierung). Fragt die Jugendlichen: Wenn das alles niemals möglich wäre, welche Auswirkungen hätte das auf euer Leben hier und jetzt? Macht es noch Sinn zu Leben? Was würde noch zum Leben motivieren?

TEARS IN HEAVEN

Hört euch das Lied „Tears in Heaven" von Eric Clapton an und redet darüber. Im Anschluss daran lest miteinander die Geschichte des Liedes.

Eric Clapton: Tears in heaven

Would you know my name if I saw you in heaven?
Would it be the same if I saw you in heaven?
I must be strong and carry on – ,Cause I know I don't belong here in heaven
Would you hold my hand if I saw you in heaven?
Would you help me stand if I saw you in heaven?
I'll find my way through night and day – ,Cause I know I just can't stay here in heaven

Time can bring you down, time can bend your knees
Time can break your heart, have you begging please, begging please
Beyond the door, there's peace I'm sure

And I know there'll be no more tears in heaven
Would you know my name if I saw you in heaven?
Would it be the same if I saw you in heaven? I must be strong and carry on
,Cause I know I don't belong here in heaven

Übersetzung:
Wenn ich dich im Himmel treffen würde,
würdest du dich an meinen Namen erinnern,
Das Gleiche für mich empfinden?
Ich muss durchhalten, weitermachen
Mir ist klar, dass meine Zeit für den Himmel noch nicht gekommen ist

Wenn ich dir im Himmel begegnen würde,
würdest du meine Hand festhalten,
mir helfen es zu verkraften?
Ich werde meinen Weg finden müssen, Tag und Nacht
Bei dir im Himmel – das ist klar – da kann ich nicht bleiben

Die Zeit holt dich zurück auf den Boden der Tatsachen,
zwingt dich in die Knie und sie kann dir das Herz brechen
und was dir bleibt ist nur um etwas zu bitten, zu bitten.

Hinter der Himmelspforte herrscht Frieden. Ganz bestimmt.
Und ich bin mir sicher
im Himmel werden keine Tränen mehr vergossen.

Die Geschichte zum Lied zum Lied:
„Tears in heaven" ist das wohl bekannteste Lied von Eric Clapton – und auch das mit dem traurigsten Hintergrund. In ihm verarbeitet Clapton den tragischen Verlust seines Sohnes Conor. Am 20. März 1991 stirbt dieser, als er aus einem offenen Fenster der Wohnung im 53. Stock eines New Yorker Apartmenthauses fällt. Das Fenster stand gerade zum Lüften offen. Der vierjährige Junge ist sofort tot.
In dem Lied „Tears in Heaven" stellt sich Clapton vor im Himmel zu sein und dort seinen Sohn zu treffen. Doch er spürt, dass er selbst noch nicht in diesen Himmel gehört, sondern sein Platz hier auf der Erde ist. Diese Vorstellung gibt ihm am Ende Trost, weil er spürt, dass es Himmel keine Tränen geben wird: „And I know there'll be no more tears in heaven". Und sie gibt ihm Kraft, auf der Erde stark zu sein und seine Trauer zu bewältigen.
Der Titel des Liedes wurde auf „Tears in heaven" verkürzt. Interessanterweise sagt er damit genau das Gegenteil dessen aus, was Clapton im Lied beschreibt.

JETZT KOMMST DU!

Neulich auf dem Friedhof

Tauscht Euch über Eure Erfahrungen mit Tod und Sterben aus. Wer war noch nie auf einer Beerdigung? Wer schon öfters? Wie ging`s euch da? Wer hat schon mal eine Beerdigung für sein Haustier inszeniert? Was waren bei all dem „Traurigen" auch schöne Eindrücke?

Beim Tod kommen mit uns auch unsere Träume, Hoffnungen, Wünsche und Sehnsüchte an eine Grenze.

WAS DICH BETRIFFT

Variante A: WAS ÜBER MICH GESAGT WERDEN SOLLTE

Jede und jeder bekommt nun die Aufgabe, seine Beerdigungsansprache zu schreiben. Was sollte von mir erzählt werden? Was ist das Ergebnis meines Lebens? An was sollen sich andere erinnern, wenn sie an mich denken? (Wichtig! Die Jugendliche müssen ihr Ergebnis nicht unbedingt präsentieren)

Hinweise für die Mitarbeitenden:

- Führt diese Aufgabe vor dem Treffen für euch selbst einmal durch, damit ihr erlebt, wie es den Teilnehmern mit dieser Aufgabe geht.
- Es ist durchaus möglich, dass die Jugendlichen sehr intensiv auf diese Herausforderung reagieren.
- Solltet ihr die Variante A mit eurer Gruppe nicht durchführen wollen, gibt es noch vier andere Möglichkeiten: Varianten B–E.
- Wenn Ihr Euch für einen Ausflug (Varianten D+E) entscheidet, wird die Einheit zwei Abende beanspruchen.

Variante B: SO STELLE ICH MIR DIE EWIGKEIT VOR

Malt nun jede/jeder für sich ein Bild, wie er/sie sich die Ewigkeit vorstellt. Präsentiert euch anschließend gegenseitig die Bilder. Diskutiert aber an dieser Stelle nicht über richtig und falsch.

Variante C: DER NOTFALLSEELSORGER

Ladet Euch zu diesem Abend einen Notfallseelsorger ein. Führt mit der Person ein Interview oder lasst sie erzählen wie es mit den Begegnungen mit den Angehörigen, Passanten und Polizisten am Unfallort ist.

Variante D: EIN BESUCH AUF DEM FRIEDHOF

Wenn ihr ausreichend Zeit habt, besucht miteinander einen Friedhof. Achtet bei dem Besuch vor allem auf die Symbole auf den Gräbern und Grabsteinen und tauscht euch anschließend darüber aus.

Variante E: DER BESUCH IM HOSPIZ

Viele Hospize sind gut vorbereitet für den Besuch von interessierten Gruppen und stehen gerne für Fragen zur Verfügung

WAS DICH BETRIFFT

Menschen reden ungern über den Tod. Er ist eine Grenze, hinter die keiner schauen kann. Meistens wird das Thema verdrängt oder man sagt einfach: „Dann ist alles aus." Angst oder eine ungewisse Hoffnung bestimmen die Gedanken der Menschen. Was passiert, wenn ich gestorben bin?
Mancher klammert sich an die „Nahtoderfahrungen" von Menschen. Menschen, die bereits einige Sekunden oder Minuten tot waren, berichten von einem Tunnel oder einem hellen Licht, das sie anzieht.

JETZT KOMMST DU!

Vorstellungen vom Jenseits

Was kommt nach dem Tod? Die ewigen Jagdgründe, Himmel oder Hölle oder noch einmal etwas ganz anderes?
Die Bibel spricht an vielen Stellen von Himmel und Hölle. Dabei dürfen wir uns aber nicht den Himmel über unserem Weltall und die Hölle irgendwo unten vorstellen. Die Bibel spricht von dem, was im englischen Heaven (und nicht Sky = Himmel) heißt und in der deutschen Sprache „Ewigkeit" genannt wird. Gott lebt außerhalb unseres Raumes

und unserer Zeit. Das können wir uns nur sehr schwer vorstellen. Diesen Ort (das Jenseits) kann man sich besser wie eine Tür in eine andere Welt vorstellen. Es wird nicht erst nach dem Ende unserer Welt entstehen, sondern existiert gleichzeitig zu unserer Welt. Ewigkeit ist nicht zuerst eine andere Zeit, sondern eine andere Wirklichkeit und Qualität des Lebens.

Das Bibel-Ewigkeits-Memo

Spielt nun Memory. Das Memory-Spiel besteht aus 6 Paaren. Ein Teil des Paares ist ein Bibeltext und der andere Teil ein dazu passendes Bild. Erklärt den Jugendlichen nach dem Spiel, dass die Bibel sparsam mit Beschreibungen der Ewigkeit umgeht. Tauscht euch darüber aus, welche Beschreibung euch am besten gefällt.
Die Karten findet ihr als Kopiervorlage im Anhang (S. 195–196) oder zum Ausdrucken auf der CD-Rom

Da führte mich der Engel im Geist auf einen großen und hohen Berg. Er zeigte mir die heilige Stadt Jerusalem. Sie kam von Gott aus dem Himmel herab. Gottes Herrlichkeit leuchtet in ihr. Sie funkelt wie ein Edelstein, wie kristallklarer Jaspis.
(Offenbarung 21,10+11)

Wir wissen ja: Unser Zelt hier auf der Erde wird abgebrochen werden. Und dann bekommen wir von Gott eine neue Bleibe – ein Haus im Himmel, das für immer bleibt und nicht von Menschenhand gemacht ist.
(2. Korinther 5,1)

Und zu Jesus sagte er: „Jesus, denke an mich, wenn du in dein Reich kommst" Und Jesus antwortete ihm: „Amen, das sage ich dir: Heute noch wirst du mit mir im Paradies sein!"
(Lukas 23,40-43)

Und er wird jede Träne abwischen von ihren Augen. Es wird keinen Tod und keine Trauer mehr geben, kein Klagegeschrei und keinen Schmerz. Denn was früher war, ist vergangen. Der auf dem Thron saß, sagte: „Sieh doch: Ich mache alles neu!" Und er fuhr fort: „Schreib alles auf, denn diese Worte sind zuverlässig und wahr.
(Offenbarung 21,4+5)

Dann erzählte Jesus ihnen weitere Gleichnisse. „Das Himmelreich gleicht einem König, der für seinen Sohn das Hochzeitsfest veranstaltete."
(Matthäus 22,1)

Im Haus meines Vaters gibt es viele Wohnungen. Sonst hätte ich euch nicht versprochen: ‚Ich gehe dorthin, um einen Platz für euch bereit zu machen.' Und wenn ich dorthin gegangen bin und einen Platz für euch bereit gemacht habe, werde ich wiederkommen. Dann werde ich euch zu mir holen. Denn dort, wo ich bin, sollt auch ihr sein.
(Johannes 14,2+3)

WAS SACHE IST

Jesus redet von der Ewigkeit, als ob es für uns gar keinen Tod, kein Ende gibt. Die Beziehung zu Jesus ist das Einzige, was wirklich „ewig" hält. Jesus hat den Tod „Überlebt". Er ist für uns gestorben und auferstanden. Was heißt das? Der Tod hat nicht mehr die letzte Macht über uns, sondern das Leben mit Jesus Christus. Die Ewigkeit ist der Ort, an dem ich bei Gott bin. Jesus hat gesagt, dass mit ihm die Ewigkeit begonnen hat. Er hat gesagt: „Ich lebe und auch ihr sollt leben!" (Johannes 14,19)

Meine Perspektive
Wenn ich weiß, welchen Job ich einmal machen will,
bin ich motiviert, bereits jetzt darauf hin zu lernen.
Wenn ich im Leben denke, dass ich irgendwo sowie so nicht hinkomme,
werde ich mich auch nicht auf den Weg dorthin machen.
Wenn ich meine, dass ich mir einen Wunsch eh nicht leisten kann,
werde ich auch nicht anfangen darauf zu sparen.
Wenn ich weiß, wie mein Leben nach dem Tod sein wird,
werde ich jetzt schon im Leben darauf zu leben.
Meine Perspektive bestimmt mein Leben.

WAS DICH BETRIFFT

Mit Hoffnung leben und sterben
Der Tod gehört zum Leben dazu. Und dennoch bringt er große Traurigkeit und reißt Lücken in unsere Leben. Wie man das aushält, diese Spannung zwischen Trauer und der Gewissheit, dass der Tod nicht das Ende ist, sondern der Anfang eines neuen, besseren Lebens, davon erzählt die Musikerin Thea Eichholz-Müller. Lest das Interview (wenn möglich in verteilten Rollen) vor.

Thea Eichholz-Müller über den Tod ihres Mannes,
über Trauer und neue Hoffnung
Sowohl zu Hause als auch auf der Bühne war das Musikerehepaar Thea Eichholz-Müller und Bernd-Martin Müller ein Traum-Team. Doch im Herbst 2002 wird bei Bernd-Martin Krebs diagnostiziert. Nur ein knappes Jahr später ist er tot. Thea Eichholz-Müller bleibt mit den beiden Söhnen zurück.

Frage: Der Tod deines Mannes Bernd-Martin liegt nun ein Jahr zurück. Wie hast du die Zeit bis heute erlebt?

Thea Eichholz-Müller: Ich habe mich förmlich an Jesus „geklebt", habe mich mit aller Kraft an ihn drangehängt. In den ersten Monaten hatte ich große Angst, dass mich plötzlich der „Riesenkoller" überfallen würde. Bisher ist er ausgeblieben, was nicht heißt, dass es nicht schmerzhaft war und ist. Auch heute noch gibt es verweinte Tage.
Für mich stehen oftmals zwei Gefühle nebeneinander: Es ist wirklich so, dass man von Herzen lachen und trotzdem im gleichen Moment leiden kann. Da ist einerseits der Schmerz über die Lücke, die Bernd-Martin hinterlassen hat. Aber da ist auch die Hoffnung und das Wissen: Gott gerät nichts aus der Kontrolle und er schenkt meinem Leben auch wieder Freude und eine Zukunft.

Frage: Ihr musstet euch ja beide intensiv mit der Frage nach dem Tod beschäftigen. Wie war das?

Thea Eichholz-Müller: Zu einem Zeitpunkt, an dem es Bernd-Martin schon sehr schlecht ging, standen wir einmal auf einer Fahrt zu einer Klinik stundenlang im Stau. Ich wollte die Zeit nutzen und so fing ich an, kreuz und quer in der Bibel Stellen über Tod und Himmel nachzulesen. Ich habe zu ihm gesagt: „Wenn du weiterlebst, ist es gut, wenn du die Angst vor dem Tod verlierst. Und wenn du stirbst, musst du sie auch verlieren. Das ist unsere einzige Chance!"

Frage: Hast du in all dem Leid jemals Gottes Liebe angezweifelt?

Thea Eichholz-Müller: Es entspräche nicht der Wahrheit, wenn ich sagen würde, ich wäre nie wütend auf Gott gewesen. Aber es war selten. Am Ende lief es immer darauf hinaus, dass ich zu ihm gesagt habe: „Ich muss mich sowieso auf dich verlassen. Wenn ich dich jetzt noch verlasse, dann bin ich verlassen!" Es gibt eine biblische Wahrheit, die immer ganz fromm klingt, wenn man sie von anderen hört, die ich ganz existenziell erfahren habe: Wenn es ganz schlimm war, schenkte Gott einen Frieden und eine Gelassenheit, die über alles menschliche Verstehen hinausgingen.

Frage: Wie habt ihr euch auf den Tag des Abschieds vorbereitet?

Thea Eichholz-Müller: Fünf Tage bevor Bernd-Martin zu Hause starb, hatte er noch einmal einen Krankenhausaufenthalt. Dort hat uns die Pfarrerin besucht. Bernd-

Martin hat einige sehr direkte Fragen gestellt und sie hat ihm direkte Antworten gegeben. Aber sie hat ihm auch den Himmel in den schönsten Worten beschrieben und ihm so Mut gemacht. In einem Vortag hat sie einmal gesagt: „Nur wer gut sterben kann, kann auch gut leben." Es ist so ähnlich, wie wenn du in ein Land verreist, in dem du noch nie warst. Je näher der Reisetermin rückt, desto besser bereitest du dich vor. Du fängst an, über das Land zu lesen und nachzudenken und irgendwann kommt der Tag, an dem du deine Koffer packen musst. Bernd-Martin hatte das Jahr genutzt – sein Koffer war gepackt.

Frage: Ist der Gedanke an den Himmel heute für dich realer?

Thea Eichholz-Müller: Das Bewusstsein, das nach dem Tod etwas kommt, auf das ich mich freuen kann, ist in mir stark gewachsen. Nicht nur, dass ich meinen Mann dann wiedersehe, sondern auch, dass dort Jesus Christus auf mich wartet und in Empfang nehmen wird. Dass er seine Arme ausbreitet und sagt: „Du hast es geschafft, du musst dich nicht mehr quälen, jetzt ist Gutsein." Das tröstet mich sehr.

Interview: Sabine Schmidt in Neues Leben, März 2005 © Neues Leben
Quelle: www.thea-eichholz.de

Auf ihrer CD „Breite deine Flügel aus" beschreibt die Musikerin ihren Umgang mit der Trauer. Ein Lied auf dieser CD hat folgenden Text:

Herr, wohin sonst sollten wir gehen?
Wo auf der Welt fänden wir Glück?
Niemand, kein Mensch kann uns so viel geben wie du.
Du führst uns zum Leben zurück.
Nur du schenkst uns Lebensglück.
Aus deinem Mund höre ich das schönste Liebeslied.
An deinem Ohr darf ich sagen, was die Seele fühlt.
An deiner Hand kann ich fallen und du hältst mich fest.
An deinem Tisch wird mein Hunger gestillt.

Text und Musik: Thea Eichholz, © 2000 Gerth Medien Musikverlag, Asslar

Bittet die Jugendlichen jeweils den Satz aus dem Lied laut zu sagen, der sie bei dem heutigen Thema am meisten beeindruckt. Je nach Möglichkeit kann man natürlich auch das Lied von CD abspielen oder es mit der gemeinsam mit Gruppe singen.

SPRICH MIT GOTT

Bittet die Gruppe ruhig zu werden. Jede und jeder soll in der Stille zu Gott sagen, wovor er oder sie Angst hat im Blick auf Tod und Ewigkeit.
Diese Gebetszeit wird beendet mit dem Satz der Mitarbeiterin oder des Mitarbeiters: „Jesus spricht: Freut euch aber, dass eure Namen im Himmel geschrieben sind." (Lukas 10,20)

WIE ES WEITER GEHT

Es bleibt schmerzhaft und traurig, wenn jemand stirbt, den wir gerne haben. Und diese Trauer ist nicht nur okay, sie ist wichtig, um sich von der Person zu verabschieden. Dennoch hat der Tod nicht das letzte Wort! Unsere Namen sind im Himmel aufgeschrieben! Fordert die Jugendlichen dazu heraus, Jesus noch besser kennenzulernen, weil so auch der Tod seinen Schrecken verlieren wird – so, wie man sich in der Wohnung eines guten Freundes mehr zuhause fühlt als in der Wohnung eines Fremden. Deswegen ist es gut, mit Jesus im Gespräch zu bleiben und mehr über ihn in der Bibel zu lesen. Ermutigt die Jugendlichen darüber nachzudenken, welche Konsequenzen die Sicherheit in Sachen „Ewigkeit" für das Leben hier und jetzt hat.

TIMING

Leg gleich los!	10 Minuten
Jetzt kommst du! Neulich auf dem Friedhof	5 Minuten
Was dich betrifft: Verschiedene Varianten	10 Minuten
Was dich betrifft	5 Minuten
Jetzt kommst du!	15 Minuten
Was Sache ist: Meine Perspektive	5 Minuten
Was dich betrifft: Mit Hoffnung Leben und sterben	10 Minuten
Sprich mit Gott	5 Minuten
Wie es weitergeht	5 Minuten

AUTOREN-VERZEICHNIS

EMMAUS: dein weg mit gott ist eine Gemeinschaftsproduktion, an der viele Menschen beteiligt waren. Ausgangspunkt war die Frage, ob die Reihe „EMMAUS – auf dem Weg des Glaubens", die von Michael Herbst herausgegeben wird, durch das Material für Jugendliche ergänzt werden könnte. Bei der Durchsicht des englischen Glaubenskurses „Youth Emmaus", der von Stephen Cottrell, Sue Mayfield, Tim Sledge und Tony Washington für Kinder und Jugendliche entwickelt wurde, war deutlich, dass es nicht genügen würde, eine Übersetzung des Materials zu erstellen. Damit diese Konzeption in der Jugendarbeit in Deutschland Fuß fassen kann, sollte eine grundlegende Überarbeitung erfolgen. Gottfried Heinzmann übernahm dafür als Herausgeber die Federführung.

Um herauszufinden, ob dieser Jugend-Emmaus-Kurs bei Jugendlichen in Deutschland ankommt und sie dieses Material als hilfreich empfinden, wurde der Kurs an unterschiedlichen Orten, in verschiedenen Milieus und mit verschiedenen Zielgruppen in ganz Deutschland erprobt. Die Ergebnisse der Testphase wurden in zwei Workshops reflektiert und in die einzelnen Einheiten eingearbeitet. Die unten genannten Autorinnen und Autoren haben die jeweiligen Einheiten überarbeitet, einzelne Einheiten und die Gottesdienstentwürfe wurden komplett neu gestaltet. Unter tatkräftiger Mithilfe des Lektors Simon Schild wurde das Ganze dann zusammengefügt.

Doch damit ist die Gemeinschaftsproduktion noch lange nicht am Ende. Die Mitarbeiterinnen und Mitarbeiter, die **EMMAUS: dein weg mit gott** in die Hand nehmen und auf ihre Situation vor Ort anpassen, sind ebenso intensiv beteiligt wie die Jugendlichen, die sich aktiv einmischen, mitdiskutieren und mitgestalten.

Gottfried Heinzmann, Filderstadt:
Glaube ist ein Abenteuer. Das Projekt **EMMAUS: dein weg mit gott** war auch solch ein Abenteuer. Doch es hat Spaß gemacht, **EMMAUS: dein weg mit gott** gemeinsam mit vielen anderen auf den Weg zu bringen. Ich wünsche mir, dass dieses Material für die Jugendarbeit hilfreich ist und Gott es gebraucht, um mit jungen Menschen den Weg des Glaubens zu gehen.
gottfried.heinzmann@ejwue.de

Sabine Schnabowitz, Kodersdorf:
Ich habe erlebt: Mit Gott unterwegs zu sein ist ein Abenteuerweg, bei dem man, wenn man sich ganz und gar auf IHN einlässt, nicht immer da raus kommt, wo man wollte, aber da, wo es am besten ist.
sabine.schnabowitz@cvjm-schlesien.de

Danke: Schön, dass sich in Kodersdorf einige Jugendliche mit auf den Weg gemacht haben. Danke auch für´s gemeinsame Ausprobieren von EMMAUS an Peter, Ari, Vivi, Mariam, Max, Jessi, Nancy, Tabbi und Korni.

Jörg Kresse, Heidenheim:
Glauben ist eine Beziehung zu Jesus. Man kann sie nicht in den Schrank stellen und angucken. Eine Beziehung will gelebt und gestaltet werden. Eine Beziehung ist ständig auf dem Weg!
kresse@ejhdh.de

Danke: Ich danke allen La Planée – Grenzgängern 2009. Ihr habt das hier mitgestaltet!

Jürgen Kehrberger, Stuttgart:
Glaubenskurse helfen, in der Gemeinschaft mit anderen den Glauben an Jesus Christus zu erleben, besser zu verstehen und zu begründen. Damit werde ich in meinem alltäglichen Leben ermutigt, Glauben zu leben und mit anderen darüber zu sprechen. *juergen.kehrberger@ejwue.de*

Kerstin Schubert, Pirna:
Mit Gott unterwegs zu sein bedeutet für mich, dass Gott auch mit jedem anderen Menschen unterwegs ist und bleiben möchte und dass wir uns gegenseitig ein Stück begleiten können. Bei Emmaus gibt es nicht die einen Menschen, die schon irgendwo angekommen sind und die anderen, die noch gar nicht losgelaufen sind, sondern einfach eine Gruppe von Leuten, die gemeinsam unterwegs ist. Das find ich toll.
die.kerstin.schubert@web.de

Danke: 1000 Dank an meinen tollen Teentreff, die sich auf den gemeinsamen Weg eingelassen haben! Marcus, Maria, Steven, Max und Eric, ihr seid super!

Anke Schwarz, Biedenkopf:
Mit Gott in meinem Leben unterwegs zu sein, bedeutet für mich alles. Er macht mein Leben bunt, herausfordernd und vor allem sinnvoll. Er gibt mir den nötigen Halt und die Perspektive. Mein Leben hat sich sehr verändert, seit ich mit ihm unterwegs bin – und das ist toll!
a.schwarz@cvjm-westbund.de

Danke: Danke an alle, die den Kurs getestet, kritisiert und damit bereichert haben. Ich wünsche mir, dass er ein Segen für viele Teens wird.

Klaus Göttler, Wuppertal:
Der Glaube an Jesus ist für mich das Navigationsgerät fürs Leben. Er führt mich sicher durch alle Lebenslagen.
goettler@johanneum.net

Danke: Ich danke den Studierenden der Evangelistenschule Johanneum für ihre Unterstützung.

Claus Hassing, Wölfersheim:
Mein Weg mit Gott... ist ein spannendes Alltagsabenteuer, in dem Gott mich immer wieder herausfordert und zum Staunen bringt. Im Glauben unterwegs sein, Fragen stellen dürfen, nicht fertig sein, offen für Neues bleiben: Danke Jesus!
chassing@gmx.de

Danke: Danke allen, die auf dem Weg des Glaubens unterwegs sind und dabei neugierig bleiben.

Alexander von Wascinski, Stuttgart:
Mit Gott auf dem Weg zu sein bedeutet für mich, immer wieder von Gott überrascht zu werden, immer wieder neu zu ihm zu finden. Die Welt verändert sich laufend, ich verändere mich. Und Gott begegnet mir darin immer wieder anders. Wer mit Gott unterwegs ist, hört nie auf, nach ihm zu Suchen und von ihm überrascht zu werden. Das ist das ganz besondere des Wegs mit Gott.
avwascinski@emk-jugend.de

Tobi Becker, Ludwigsburg:
Das Schöne am Glauben ist nicht, dass ich mit Gott unterwegs bin. Sondern, dass er mit mir unterwegs ist. Das find ich wichtig.
tobias.becker@ejwue.de

Janine Haller, Schnaidt:
Mit Gott unterwegs zu sein, bedeutet für mich nie allein zu sein. Dabei habe ich erlebt, dass Gott immer wieder gut für eine Überraschung ist, wenn ich ihn nicht in eine Schublade stecke.
janine@hallerfamilie.de

Dirk Möller, Berlin:
Der christliche Glaube ist für mich ein lebenslanger Entdeckungsprozess, der das ganze Leben verändert. Ich bin froh für diese Veränderungen in meinen Leben und kann jeden nur auf den Weg nach Emmaus einladen. Durch den Glauben an Jesus Christus hat mein Leben eine Qualität gewonnen, die ich nie wieder missen möchte. Glaubenskurse sind eine tolle Sache und sollten in möglichst vielen Gemeinden durchgeführt werden. Gemeinsam als Kleingruppe gibt es die Möglichkeit, tolle Entdeckungen im Glauben zu machen. Ich wünsche dir und eurer Gruppe dabei tolle und lebensverändernde Erfahrungen.
amd.moeller@diakonie.de

Danke: Ich danke den Jugendlichen, aus dem inzwischen nicht mehr existierenden Kirchenbezirk Kamenz (Ev. Luth. Landeskirche Sachsen) für die tollen und wertvollen Tipps, Ideen und Anregungen.

Dieter Braun, Stuttgart:
Mit Jesus unterwegs sein... darauf will ich in meinem Leben nicht mehr verzichten. Das ist mir sozusagen zur „obersten Sahne" geworden. Und in Sachen Sahne kenne ich mich aus. Nach der Schule habe ich nämlich zunächst eine Lehre als Konditor gemacht und bin danach als Geselle in Sachen „Sahnetorten" im In- und Ausland unterwegs gewesen. Heute verdiene ich meine Brötchen als Jugendreferent für den CVJM Landesverband in Württemberg. Jetzt bin ich als Jugendevangelist kreuz und quer durchs Land unterwegs, um anderen von dem Jesus zu erzählen, um den sich bei **EMMAUS: dein weg mit gott** alles dreht.
dieter.braun@ejwue.de

ANHANG

**ZUSATZUNTERLAGEN
FÜR TEILNEHMER – KOPIERVORLAGE**

**(auch auf CD-Rom unter
der jeweiligen Einheit als pdf)**

JESUS – SEIN LEBEN UND SEIN DIENST

LUKAS 1,30–32

Da sagte der Engel zu ihr: „Hab keine Angst, Maria. Durch Gottes Gnade bist du erwählt. Sieh doch: Du wirst schwanger werden und einen Sohn zur Welt bringen. Du sollst ihm den Namen Jesus geben. Er wird hochgeehrt sein und ‚Sohn des Höchsten' genannt werden. Gott, der Herr, wird ihm den Thron seines Vorfahren David geben.

LUKAS 4,16–19

Jesus kam auch nach Nazaret, wo er aufgewachsen war. Am Sabbat ging er wie gewohnt in die Synagoge. Er stand auf, um aus den Heiligen Schriften vorzulesen. Man reichte ihm die Schriftrolle mit dem Propheten Jesaja. Jesus rollte sie auf und fand die Stelle, wo geschrieben steht: „Der Geist des Herrn ruht auf mir, denn der Herr hat mich gesalbt. Das ist mein Auftrag: Den Armen soll ich die Gute Nachricht bringen. Den Gefangenen soll ich ankündigen, dass sie frei werden, und den Blinden, dass sie sehen werden. Den Unterdrückten soll ich die Freiheit bringen. Ich soll verkünden: Jetzt beginnt das Jahr, in dem der Herr Gnade schenkt."

LUKAS 5,12–13

Einmal war Jesus in einer der Städte. Sieh doch: Dort traf er einen Mann, der am ganzen Körper Aussatz hatte. Als der Jesus sah, warf er sich vor ihm nieder und bat ihn: „Herr, wenn du willst, kannst du mich rein machen!" 13 Da streckte Jesus die Hand aus, berührte ihn und sagte: „Ich will! Sei rein!" Im selben Augenblick verschwand der Aussatz bei dem Mann.

LUKAS 6,31

Genau so, wie ihr behandelt werden wollt, behandelt auch die anderen.

LUKAS 6,46–49

„Warum nennt ihr mich ‚Herr, Herr' und tut doch nicht, was ich sage? Wer zu mir kommt und meine Worte hört und sie befolgt – ich will euch zeigen, wem er gleicht: Er ist wie ein Mensch, der ein Haus baute. Er hob eine tiefe Grube aus und legte das Fundament auf felsigem Boden. Als es nun Hochwasser gab, prallten die Wassermassen gegen das Haus. Und sie konnte es nicht erschüttern – so gut war es gebaut. Aber wer meine Worte hört und sie nicht befolgt: Der ist wie ein Mensch, der sein Haus ohne Fundament direkt auf die Erde baute. Als die Wassermassen dagegenprallten, stürzte es sofort ein – es wurde völlig zerstört."

LUKAS 8,22–25

Einmal, in diesen Tagen, stieg Jesus mit seinen Jüngern in ein Boot. Er sagte zu ihnen: „Wir wollen ans andere Ufer des Sees fahren." So legten sie vom Land ab. Unterwegs schlief Jesus ein. Plötzlich wühlte ein Sturm den See auf, ein Fallwind von den Bergen. Wasser schlug in das Boot und sie waren in großer Gefahr. Die Jünger gingen zu Jesus und weckten ihn. Sie riefen: „Meister, Meister! Wir gehen unter!" Jesus stand auf und bedrohte den Wind und die Wellen. Da hörten sie auf zu toben und es wurde ganz still. Jesus fragte die Jünger: „Wo ist euer Glaube geblieben?" Da fürchteten sie sich und staunten zugleich. Sie fragten sich: „Wer ist er eigentlich? Er befiehlt dem Wind und den Wellen und sie gehorchen ihm."

ROLLEN FÜR DIE TALKSHOW

(In Streifen zerschneiden und an die jeweiligen Rollen verteilen):

Einer der führenden Priester. Er behauptet, Jesus sei gar nicht auferstanden, sondern seine Jünger hätten den Leichnam gestohlen um zu behaupten, er sei auferstanden. Das sei alles erstunken und erlogen.

Ein Soldat. Er hat das Grab bewacht, damit niemand den Leichnam stiehlt. Es kam niemand, aber plötzlich kam ein Erdbeben und er sah ein helles Licht, das ihn blendete. Es war, als sei ein Engel gekommen. Plötzlich war auch das Grab geöffnet. Er kann sich gar nicht erklären, wie das alles geschah.

Maria von Magdala. Am Morgen des dritten Tages kam sie als eine der ersten zum Grab. Obwohl das Grab bewacht wurde, war der Stein zur Seite gerollt. Wenn Jesus nicht von den Toten auferstanden war, wo ist dann sein Körper geblieben? Wenn die Obrigkeit ihn weggenommen hätten (und welchen Grund hätten sie dafür?), hätten sie den Leichnam spätestens dann wieder hervorgeholt, als behauptet wurde, dass Jesus wiederauferstanden ist.

Ein Augenzeuge. Mehr als 500 Personen gaben an, Jesus wieder lebendig gesehen zu haben. Diese Begegnung hat ihr Leben verändert und sie waren bereit, für diese Überzeugung zu sterben. Die Zeugen haben ihn nicht nur gesehen – sie haben mit ihm geredet und gegessen, sind mit ihm gegangen, haben von ihm gelernt und ihn berührt.

Ein Mitglied der ersten Gemeinde. Nach der Kreuzigung waren die Jünger entmutigt und abgeschlagen. Sie hatten Angst davor, was möglicherweise mit ihnen geschieht. Sie verleugneten sogar, dass sie Jesus kannten. Und nur ein paar Tage später riskierten sie schon ihr Leben, um allen zu verkünden, dass Jesus der Retter ist. Ihre Erfahrungen haben die Welt auf den Kopf gestellt. Welches Ereignis (außer der Auferstehung) hätte sie so verändern können? Würdest du bis ans andere Ende der Welt reisen, um eine Botschaft zu verkünden, die du dir nur ausgedacht hast? Würdest du für etwas sterben, von dem du weißt, dass es nur Fantasie ist?

Eine Christin, ein Christ von heute. Seit 2000 Jahren haben Männer und Frauen in allen Kulturen behauptet, dass man Jesus persönlich kennenlernen kann. Das passiert auch heute noch in unserem Land, unserer Stadt, unserer Gemeinde.

BOTSCHAFTEN

Danke	Bitte
Hilfe	Ich liebe dich
Du bist so cool	Vergib mir
Triff dich mit mir	Es tut mir Leid
Wie geht's	Ruf mich an

VATER UNSER

Unser Vater im Himmel Geheiligt werde Dein Name
Dein Reich komme, Dein Wille geschehe Wie im Himmel, so auf Erden
Unser tägliches Brot gib uns heute
Und vergib uns unsere Schuld, wie auch wir vergeben unseren Schuldigern
Und führe uns nicht in Versuchung Sondern erlöse uns von dem Bösen
Denn Dein ist das Reich und die Kraft und die Herrlichkeit. Amen

EREIGNIS-KARTEN

Die Schöpfung der Erde	Mose und die Zehn Gebote
Der Brief des Paulus an die Römer	Jona und der Wal
Speisung der 5.000	Noahs Arche
Jesus stirbt am Kreuz	Das Kommen des Heiligen Geistes
Die Geburt Jesu	Josef und sein prächtiges Gewand

GRATIS-PROBEN – BIBELVERSE

Gott ist unsere sichere Zuflucht, ein bewährter Helfer in aller Not Psalm 46, 2
Fürchte dich nicht, ich stehe dir bei! Hab keine Angst, ich bin dein Gott! Ich mache dich stark, ich helfe dir, ich schütze dich mit meiner siegreichen Hand. Jesaja 41,10
Gott ist Liebe. 1. Johannes 4,16
Aber Gott beweist seine Liebe zu uns dadurch, dass Christus für uns gestorben ist – und zwar damals, als wir noch mit Schuld beladen waren. Römer 5,8
Denn so sehr hat Gott diese Welt geliebt: Er hat seinen einzigen Sohn hergegeben, damit keiner verloren geht, der an ihn glaubt. Sondern damit er das ewige Leben erhält. Johannes 3,16
Warum bin ich so mutlos? Muss ich denn verzweifeln? Auf Gott will ich hoffen! Ich weiß, ich werde ihn noch einmal preisen; ihn, meinen Gott, der mir hilft. Psalm 42,12

Jesus sagte: Ich bin immer bei euch,
jeden Tag, bis zum Ende der Welt.
Matthäus 28,20

Der Dieb kommt nur, um die Schafe zu stehlen.
Er schlachtet sie und stürzt sie ins Verderben.
Ich bin gekommen, um den Schafen das Leben zu bringen –
das Leben in seiner ganzen Fülle.
Johannes 10,10

Sieh doch:
Ich stehe vor der Tür und klopfe an!
Wer meine Stimme hört und die Tür öffnet,
bei dem werde ich eintreten.
Ich werde mit ihm das Mahl einnehmen und er mit mir.
Offenbarung 3,20

Paulus schreibt: Der Gott unseres Herrn Jesus Christus,
der Vater, von dem alle Herrlichkeit ausgeht –
er gebe euch den Geist, der euch Weisheit schenkt
und Offenbarung zuteil werden lässt.
Dann könnt ihr Gott erkennen.
Epheser 1,17

TEXT FÜR NERVEN-AKTION SPIEL

(Wenn ein Nerv zu einem Körperteil gegangen ist um Meldung zu machen, geht er sofort danach wieder zurück)

Auge sieht Apfel
Auge an Nerv:
Geh zum Gehirn und melde einen leckeren Apfel in Sichtweite!
Nerv geht zu Gehirn und meldet entsprechend

Gehirn an Nerv:
Geh zum Auge und melde: okay, geht klar! Wir kümmern uns drum!
Nerv geht zu Auge und meldet entsprechend

Gehirn an Nerv:
Geh zu den Beinen und beauftrage: geht zum Apfel!
Nerv geht zu Beinen und meldet entsprechend

Beine an Nerv:
Frag beim Auge nach – wohin wir gehen wollen
Nerv geht zu Auge und meldet entsprechend

Auge zum Nerv: (entsprechende Antwort geben)
Nerv geht zu Beinen und meldet entsprechend

Beine gehen
Beine zum Nerv:
Melde dem Auge und dem Gehirn: Vollzug!
Nerv geht zu Auge & Gehirn und meldet entsprechend

Gehirn an Nerv:
Geh zur Hand und beauftrage: Nach Apfel ausstrecken
Nerv geht zu Hand und meldet entsprechend

Hand zu Nerv:
Frag das Auge, wohin wir uns ausstrecken sollen
Nerv geht zu Auge und meldet entsprechend
Auge zum Nerv: (entsprechende Antwort geben)
Nerv geht zur Hand und meldet entsprechend

Hand streckt sich aus

Hand zu Nerv:
Melde dem Auge und dem Gehirn: Vollzug!
Nerv geht zu Auge & Gehirn und meldet entsprechend

Gehirn zu Nerv:
Geh zum Mund und beauftrage: Wasser zusammenlaufen lassen
Nerv geht zu Mund und meldet entsprechend

Mund zu Nerv:
Geh zum Gehirn und melde: Alles klar – erwarten Rohstoff!
Nerv geht zu Gehirn und meldet entsprechend

Gehirn an Nerv:
Geh zum Auge und zur Hand und beauftrage: Apfel in koordinierter Aktion zupacken!
Nerv geht zum Auge und zur Hand und meldet entsprechend

Auge an Nerv:
Hand genaue Position angeben
Nerv geht zu Hand und meldet entsprechend

Hand an Nerv:
Geh zum Auge und melde: Position erreicht – packe jetzt zu!
Nerv geht zu Auge und meldet entsprechend

Auge an Nerv:
Geh zu Hand und melde: Prima Jungs – das klappt super!
Nerv geht zur Hand und meldet entsprechend

Hand zu Nerv:
Geh zum Gehirn und melde: Apfel sicher gepackt!
Nerv geht zu Gehirn und meldet entsprechend

Gehirn zu Nerv:
Bedanke dich bei Hand und Auge für die tolle Zusammenarbeit
Nerv geht zu Hand & Auge und meldet entsprechend

Zubeißen

Gehirn zu Nerv:
Geh zur Hand und beauftrage: Hand zum Mund führen
Nerv geht zu Hand und meldet entsprechend

Mund zu Nerv:
Melde dem Gehirn: Position erreicht!
Nerv geht zu Gehirn und meldet entsprechend

Gehirn zu Nerv:
Geh zum Mund und beauftrage: Öffnen
Nerv geht zu Mund und meldet entsprechend

Mund zu Nerv:
Melde dem Gehirn: Mund offen – alles bereit – erwarten Rohstoff
Nerv geht zu Gehirn und meldet entsprechend

Gehirn zu Nerv:
Geh zur Hand und beauftrage: Apfel in Mund einführen: VORSICHTIG!
Nerv geht zu Hand und meldet entsprechend

Hand an Nerv:
Melde Gehirn: Alles roger!
Nerv geht zu Gehirn und meldet entsprechend

Gehirn an Nerv:
Geh zum Mund und beauftrage: Kräftig zubeißen (auf Hand aufpassen!)
Nerv geht zu Mund und meldet entsprechend

Mund an Nerv:
Melde dem Gehirn: LECKER-SCHMECKER
Nerv geht zu Gehirn und meldet entsprechend

Gehirn an Nerv:
Einen Rundruf an alle: Leute, ihr seid klasse – auf euch kann ich zählen! Aktion Apfel essen war ein voller Erfolg! Dank des lobenswerten Einsatzes aller Organe und Glieder haben wir mal wieder gezeigt: Zusammen kann uns niemand aufhalten.
Merke also: Allein bist du schwach – zusammen sind wir stark!Ich danke euch!
Nerv geht zu Beinen, Auge, Mund, Hand und meldet entsprechend

BEGRIFFE-SET

Beten	**Anbetung und singen**
Essen	**Bibel lesen**
Entspannen	**Lernen**
Gott begegnen	**Freunde finden**
Einander helfen	**Abendmahl feiern**

Jesus – ich will dir etwas sagen…

Jesus, ich danke dir, dass deine Sehnsucht nach mir so riesengroß ist –
du bist für mich auf diese Erde gekommen.
Danke, dass du dich für mich interessierst!

Ich habe gehört, dass ich bei dir meine Masken ablegen darf.
Du nimmst mich so an, wie ich wirklich bin.
Danach sehne ich mich schon lange.

Ich bekenne dir Jesus, dass ich bisher nicht so gelebt habe,
wie du es dir vorstellst.
Ich habe verschiedene Rollen gespielt,
Menschen getäuscht und bin nicht ehrlich gewesen.
Ich bin dabei nicht glücklicher, freier oder zufriedener geworden.

Jesus – ich möchte umkehren und mit dir neu anfangen.
Ich möchte frei werden und endlich ich selbst sein.
Du hast am Kreuz alles dafür getan, dass ich wirklich frei werden kann –
ich möchte heute dein Lebensangebot annehmen.
Ab heute möchte ich dir vertrauen, dass du es wirklich gut mit mir meinst.

Ich bitte dich, Jesus: Begleite mich in meinem Alltag.
Schenke mir Freunde, die mir helfen, dich besser zu verstehen.
Hilf mir, zu dir und zu mir selbst zu stehen – lass mich nicht allein!

Ich danke dir Jesus, dass du mir durch deine Auferstehung
ein Leben in echter Freiheit schenkst.
Ich freue mich, dass ich jetzt zu dir gehöre und
bin sehr gespannt auf die Erfahrungen,
die ich mit dir mache.

AMEN

Jesus – ich will dir etwas sagen…

Jesus, ich danke dir, dass deine Sehnsucht nach mir so riesengroß ist –
du bist für mich auf diese Erde gekommen.
Danke, dass du dich für mich interessierst!

Ich habe gehört, dass ich bei dir meine Masken ablegen darf.
Du nimmst mich so an, wie ich wirklich bin.
Danach sehne ich mich schon lange.

Ich bekenne dir Jesus, dass ich bisher nicht so gelebt habe,
wie du es dir vorstellst.
Ich habe verschiedene Rollen gespielt,
Menschen getäuscht und bin nicht ehrlich gewesen.
Ich bin dabei nicht glücklicher, freier oder zufriedener geworden.

Jesus – ich möchte umkehren und mit dir neu anfangen.
Ich möchte frei werden und endlich ich selbst sein.
Du hast am Kreuz alles dafür getan, dass ich wirklich frei werden kann –
ich möchte heute dein Lebensangebot annehmen.
Ab heute möchte ich dir vertrauen, dass du es wirklich gut mit mir meinst.

Ich bitte dich, Jesus: Begleite mich in meinem Alltag.
Schenke mir Freunde, die mir helfen, dich besser zu verstehen.
Hilf mir, zu dir und zu mir selbst zu stehen – lass mich nicht allein!

Ich danke dir Jesus, dass du mir durch deine Auferstehung
ein Leben in echter Freiheit schenkst.
Ich freue mich, dass ich jetzt zu dir gehöre und
bin sehr gespannt auf die Erfahrungen,
die ich mit dir mache.

AMEN

„Nachdem er sich mit ihnen zum Essen nieder-gelassen hatte, nahm er das Brot und sprach das Dankgebet. Er brach das Brot in Stücke und gab es ihnen. Da wurden ihre Augen geöffnet, und sie erkannten ihn."

(Lukas 24,30–31)

„Danke, Herr, denn du bist gut zu uns und deine Liebe hört niemals auf."

(vgl. Psalm 106,1)

ZUTATEN FÜR ETWA 12 BRÖTCHEN

650g Weizenmehl, 2 TL Salz, 1 TL Zucker, 15 g Butter oder Backfett, 1 Pck Trockenhefe, 400 ml warmes Wasser

ANLEITUNG:

1. Backblech mit Backpapier auslegen oder einfetten und vorwärmen.

2. In einer warmen Schüssel Mehl, Salz und Zucker mischen, dann die Butter einrühren und die Hefe.

3. Warmes Wasser hinzufügen und zu einem weichen Teig verrühren.

4. Knetet den Teig etwa 10 Minuten lang, indem ihr ihn auf einer mit Mehl bestäubten Oberfläche langzieht und zusammenfaltet.

5. Formt darauf Bälle und setzt sie auf das Backblech.

6. Deckt den Teig locker mit Frischhaltefolie ab und lasst ihn 25–30 Minuten an einem warmen Ort ohne Zugluft stehen. Lasst den Teig jetzt gehen.

7. Heizt den Ofen auf 240° C vor.

8. Nach 30 Minuten die Brötchen auf mittlere Höhe in den vorgeheizten Backofen schieben und die Temperatur sofort auf 230° C runterdrehen. 15 Minuten lang backen.

9. Holt die Brötchen aus dem Ofen und dreht sie auf einem Gitter um. Wenn die untere Kruste sich hohl anfühlt, wenn man draufklopft, sind die Brötchen fertig. Dann abkühlen lassen.

KOPIERVORLAGE GEBETSKÄRTCHEN

GEBETS- UND ERINNERUNGSKARTE

Ich möchte für den Zeitraum

von ____________ bis ____________

für ____________________________

(täglich) beten & ihr/ihm die Geschichte von Gottes Liebe verständlich weitersagen.

GEBETS- UND ERINNERUNGSKARTE

Ich möchte für den Zeitraum

von ____________ bis ____________

für ____________________________

(täglich) beten & ihr/ihm die Geschichte von Gottes Liebe verständlich weitersagen.

GEBETS- UND ERINNERUNGSKARTE

Ich möchte für den Zeitraum

von ____________ bis ____________

für ____________________________

(täglich) beten & ihr/ihm die Geschichte von Gottes Liebe verständlich weitersagen.

GEBETS- UND ERINNERUNGSKARTE

Ich möchte für den Zeitraum

von ____________ bis ____________

für ____________________________

(täglich) beten & ihr/ihm die Geschichte von Gottes Liebe verständlich weitersagen.

(c) Maike Zyball

„Brannte nicht unser Herz … Und sofort sprangen sie auf." (Lukas 24,32f)

- „EMMAUS – DEIN WEG" und die Bilder deiner Alltagsorte – du hast alles vor Augen
- Welchen Menschen wirst du begegnen? Schreibe die Namen neben die Bilder.
- Welche Situationen stellst du dir vor? Was ist schwierig? Male einen Blitz oder ein anderes Symbol an diese Stelle.
- Wo möchtest du etwas verändern? Wie könnte dies geschehen?

„Da erzählten die beiden, was sie unterwegs erlebt hatten und wie sie den Herrn erkannten…“

(Lk 24,35)

- Stelle dir eine Situation in deinem Alltag oder eine Person vor.
- Überlege dir: Was würde ich in dieser Situation oder dieser Person als Erfahrung von meinem Emmaus-Weg gerne sagen?
- Schreibe es in die Sprechblase.

„Dort fanden sie die elf Jünger beieinander, zusammen mit allen anderen, die zu ihnen gehörten."

- Schaue das Bild mit dem Blob-Tree an und stelle dir vor: Du könntest wie die beiden EMMAUS-Jünger zu anderen dazugehören, die auch an Jesus glauben. Ihr seid eine große Gemeinschaft. Wo wäre dein Platz?
- Überlege dir: Wo findest du ein Zuhause für deinen Glauben und dein „brennendes Herz"? Wo wird die Gemeinschaft der Jüngerinnen und Jünger Jesu für dich erlebbar? Wo ist deine Gemeinde?
- Was oder wer kann dir helfen, solch einen Ort zu finden?

Herr, wir stehen vor dir.
Wir sind einen gemeinsamen Weg gegangen.
Du warst auf diesem Weg dabei – jeden Augenblick.
Wir haben dich kennen gelernt.
Wir haben mit dir geredet.
Wir haben unser Leben für dich geöffnet.
Wir gehen jetzt weiter. Und du bleibst bei uns.
Wohin wir auch gehen.
Danke!
Amen.

Herr, wir stehen vor dir.
Wir sind einen gemeinsamen Weg gegangen.
Du warst auf diesem Weg dabei – jeden Augenblick.
Wir haben dich kennen gelernt.
Wir haben mit dir geredet.
Wir haben unser Leben für dich geöffnet.
Wir gehen jetzt weiter. Und du bleibst bei uns.
Wohin wir auch gehen.
Danke!
Amen.

Herr, wir stehen vor dir.
Wir sind einen gemeinsamen Weg gegangen.
Du warst auf diesem Weg dabei – jeden Augenblick.
Wir haben dich kennen gelernt.
Wir haben mit dir geredet.
Wir haben unser Leben für dich geöffnet.
Wir gehen jetzt weiter. Und du bleibst bei uns.
Wohin wir auch gehen.
Danke!
Amen.

Herr, wir stehen vor dir.
Wir sind einen gemeinsamen Weg gegangen.
Du warst auf diesem Weg dabei – jeden Augenblick.
Wir haben dich kennen gelernt.
Wir haben mit dir geredet.
Wir haben unser Leben für dich geöffnet.
Wir gehen jetzt weiter. Und du bleibst bei uns.
Wohin wir auch gehen.
Danke!
Amen.

BIBEL-EWIGKEITS-MEMORY

Da führte mich der Engel im Geist auf einen großen und hohen Berg. Er zeigte mir die heilige Stadt Jerusalem. Sie kam von Gott aus dem Himmel herab. Gottes Herrlichkeit leuchtet in ihr. Sie funkelt wie ein Edelstein, wie kristallklarer Jaspis.
(Offenbarung 21,10+11)

Und zu Jesus sagte er: „Jesus, denke an mich, wenn du in dein Reich kommst" Und Jesus antwortete ihm: „Amen, das sage ich dir: Heute noch wirst du mit mir im Paradies sein!"
(Lukas 23,40–43)

Dann erzählte Jesus ihnen weitere Gleichnisse. „Das Himmelreich gleicht einem König, der für seinen Sohn das Hochzeitsfest veranstaltete."
(Matthäus 22,1)

Wir wissen ja:
Unser Zelt hier auf der Erde
wird abgebrochen werden.
Und dann bekommen wir
von Gott eine neue Bleibe –
ein Haus im Himmel, das für immer
bleibt und nicht von
Menschenhand gemacht ist.
(2. Korinther 5,1)

Und er wird jede Träne abwischen
von ihren Augen. Es wird keinen
Tod und keine Trauer mehr geben,
kein Klagegeschrei und keinen
Schmerz. Denn was früher war,
ist vergangen. Der auf dem
Thron saß, sagte: „Sieh doch:
Ich mache alles neu!" Und er fuhr fort:
„Schreib alles auf, denn diese Worte
sind zuverlässig und wahr.
(Offenbarung 21,4+5)

Im Haus meines Vaters gibt es
viele Wohnungen. Sonst hätte ich
euch nicht versprochen: ‚Ich gehe
dorthin, um einen Platz für euch
bereit zu machen.'
Und wenn ich dorthin gegangen
bin und einen Platz für euch
bereit gemacht habe, werde ich
wiederkommen. Dann werde ich
euch zu mir holen. Denn dort, wo
ich bin, sollt auch ihr sein.
(Johannes 14,2+3)